유머란 무엇인가

유머란 무엇인가

테리 이글턴 지음 | 손성화 옮김

HUMOUR

문학사상

트레버 그리피스에게

유머에 관한 연구들 가운데 상당수는 '농담은 분석하는 순간 끝장'이라고 멋쩍게 인정하면서 시작한다. 하지만 이는 사실이 아니다. 남을 웃기고자 할 때 농담을 던지는 동시에 자신이 한 농담을 일일이 분석하고 설명하는 것은 현명하지 못한 처사라고 하는 게 좀 더 맞는 말이다. 걸으면서 동시에 껌을 씹을 수 없었다던 몇몇 미국 대통령들처럼 말이다.

그러다 보니 재담을 펼치는 순간 그에 대한 이론적 고찰을 내놓는 코미디언은 그리 많지 않다. 대개 그런 사람들은 코미디 클럽이나 극장보다는 취업상담센터에서 발견된다(물론 예외는 있다. 눈부시게 독창적인 영국의 코미디언 스튜어트 리Stewart Lee 같은 사람 말이다. 그는 무대에서 코미디를 하면서 동시에 그것을 해체하고, 청중의 반응을 분석한다). 하지만 그렇다고 해도 유머와 유머에 대한 분석은 완벽하게 공존할 수 있다. 시詩의 작동 원리를 안다고 해서 시를 망치는 것은 아니듯, 농담도 작동 방식을 안다고 해서 그 맛을 해치는 것은 아니다.

이런 관점에서 보자면, 여느 문제들과 마찬가지로 이론과 실제는 서로 다른 영역을 점유한다. 우리가 대장大腸에 대한 해부학적 지식을 가진다고 해서 음식을 즐기는 데에 장애가 생기는 것은 아니다. 산과전문의들은 아기들을 다정하게 어르고 달랠 수 있고, 부인과전문의들은 만족스럽고 충만한 성생활을 이끌 수 있다. 천문학자들은 우주에서 지구가 차지하고 있는 극히 하찮은 위치를 날마다 마주하면서도 술에 절어 살거나 절벽에서 뛰어내리지 않는다. 설사 그런 일을 저지르더라도 어찌됐든 적어도 그런 이유 때문은 아니다.

도서관 책장마다 놀라울 만큼 유머 감각이 결여된 유머에 대한 설명서들이 즐비하다는 것은 분명한 사실이다. 그러한 연구들 중에는 각종 그래프, 도표, 도해, 통계, 실험 보고서들로 꽉 채워진 두툼한 책들도 있다.[1] 심지어 농담이 실재實在하는지 그 여부에 대해서까지 의혹의 눈길을 던지는 침울한 과학 연구원 3인방도 있다. 그러나 어느 정도까지는 이해를 돕는 해설과 논평들도 존재하는 바, 나는 이 책에서 다양한 범주의 정보에 의지하고 그것을 활용했다.

유머에 관한 이론들은 정도껏 지적 겸손을 보이기만 한다면, 일부다처제나 편집증에 관한 이론들에 전혀 뒤지지 않을 만큼 유용할 수 있다. 유익한 가설들이 대개 그러하듯이 스스로의 한계를 인정해야 한다. 변칙 사례, 미해결 수수께끼, 난처한 결과, 불편한 영향 따위가 늘 발생할 테니 말이다. 이론은 모순투성이면서도 얼마간 생산적인 과업을 수행할 수 있다. 누군가의 사진이 아예 없느니보다 흐릿한 사진이라도 한 장 있는 편이 더 나은 것과 같은 이치다. 게다가 할 만한 가치가 있는 일이라면 대개는 서투르게라도 시도해봐야 한다. 비교 불가한 윌리엄 해즐릿William Hazlitt은 동료 작가 아이작 배로Isaac Barrow의 말을 인용했다.

관찰한 바에 따르면, 유머는 매우 '그 쓰임새가 다양하고 다재다능하여' 완전한 정의를 구하는 것이 불가능한 현상이다. 때로는 능청스러운 질문, 영리한 대답, 별난 이유, 기민한 암시, 교활하게 이견을 타파하거나 교묘하게 원래 방향으로 되돌려놓는 상황 속에 존재하기도 하고, 때로는 대담한 담화 체계, 신랄한 반어, 풍성한 과장, 깜짝 놀랄 만한 은유, 그럴듯한 모순의 조화, 예리한 난센스에서 나타나기도 한다. (…)

표정이나 몸짓 흉내도 유머로 통한다. 때로는 가장된 순박함, 때로는 뻔뻔스러운 둔감함이 유머를 낳기도 한다. 오직 운 좋게 이상한 것이 떠오르는 데서만 나올 때도 있고, 뻔한 사안을 목적에 맞도록 재주 좋게 끼워 맞추는 데서 나오기도 한다. 대개는 뭔지도 모르는 상태에서, 좀체 그 방식을 이해할 수 없는 상태에서 불쑥 튀어나온다. (…) 요컨대, 유머는 간단명료한 방식의 화법을 구사하면서 (…) 비유나 표현에서 드러나는 상당히 놀라울 정도의 무례함에 깃든 얼마간의 경이로움을 보여주고, 얼마간의 유쾌함을 풍기면서 상상력에 불을 지피고 흥겹게 만든다.[2]

이 모든 것을 단 하나의 공식 안에 욱여넣으려고 하는 자가 있다면 그는 무모한 이론가일 것이다. 하지만 그렇다고 하더라도 시詩와 마찬가지로 유머도 그저 수수께끼에 불과한 것은 아니다. 우리가 웃는 이유에 대해서 비교적 설득력이 있으면서도 논리 정연한 뭔가를 이야기하는 일이 가능하다.

다만, 이 책에서 내가 그 일을 해냈는지 여부에 대한 판단은 독자의 몫이다.

테리 이글턴

HUMOUR

차 례

유머란 무엇인가

H   U   M   O   U   R

1

웃음에 관하여

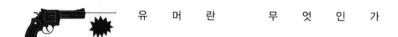 유 머 란 　 무 엇 인 가

내가 코미디언이 되고 싶다고 하자 그들은 웃었다. 글쎄,
이제 그들은 웃지 않을 것이다.

— 밥 멍크하우스Bob Monkhouse

웃음은 보편적인 현상이다. 그러나 획일적인 현상이라고
할 수는 없다. 새뮤얼 존슨Samuel Johnson은 〈희극 정의의 어
려움The Difficulty of Defining Comedy〉이라는 제목의 에세이에
서 이렇게 언급한 바 있다. "지금껏 인간의 지혜는 다채로웠
으나 웃음은 늘 한결같았다"고 말이다. 하지만 존슨의 주장
은 분명 석연치 않은 구석이 있다. 웃음은 오만가지 표현들
로 이루어진 언어다. 낄낄대며 웃고, 깔깔거리며 웃고, 신음
하듯 웃고, 소리 죽여 웃고, 새된 소리로 웃고, 우렁차게 웃

고, 쇳소리를 내며 웃고, 히죽거리고, 실실대고, 숨이 넘어갈 듯 자지러지게 웃고, 돼지 멱따는 소리를 내며 웃고, 기차 화통을 삶아 먹은 듯 웃고, 악을 쓰듯 웃고, 몰래 킥킥대고, 포효하듯 웃고, 폭소를 터뜨리고, 박장대소하고, 코웃음을 치고, 피식피식 웃고, 시끌벅적하게 웃고, 괴성을 지르면서 웃고 등등. 웃음은 폭발하듯, 우렁차게, 돌풍처럼, 강풍처럼, 잔물결 혹은 급류처럼, 요란하게, 나팔소리처럼 서서히 번지듯이, 어질어질할 정도로, 귀를 찢을 듯이 나오기도 한다. 미소도 여러 종류가 있다. 환한 미소, 억지 미소, 썩은 미소에서 이를 드러낸 미소, 음흉한 미소, 바보 같은 미소까지. 미소는 시각적인 데 반해, 웃음은 대체로 청각적이다. 다만, T. S. 엘리엇I. S. Eliot은 〈황무지The Waste Land〉에서 '귀에서 귀까지 번지는 낄낄대는 웃음'이라고 표현함으로써 이 둘을 합쳐놓았다.

'깔깔대다', '히죽거리다' 등등은 웃음의 다양한 신체적 양태를 나타낸다. 이러한 표현들에는 소리의 크기, 톤, 강도, 속도, 세기, 리듬, 음색, 길이에 따른 특질들이 녹아들어 있다. 그런데 웃음은 다양한 범주의 감정적 태도들을 전달하기도 한다. 아주 기뻐하는 웃음, 비꼬는 웃음, 교활한 웃음, 귀에 거슬리는 웃음, 다정한 웃음, 사악한 웃음, 조롱하는 웃음, 경멸하는 웃음, 불안한 웃음, 안도하는 웃음, 냉소적인 웃음, 다 안다는 듯한 웃음, 의기양양한 웃음, 음탕한 웃음, 못 믿겠다는 듯한 웃음, 창피해하는 웃음, 신경질적인 웃음, 동정 어린 웃음, 경박한 웃음, 얼빠진 웃음, 공격적인 웃음, 가소로워하는 웃음, 그리고 빼놓을 수 없는 순전히 '사회적인' 웃음. 이 경우에는 우스움을 털끝만큼도 내비칠 필요가 없다.[3] 사실 방금 열거한 웃음의 여러 형태들 가운데 대다수는 유머와 거의 아무런 관련이 없다. 무엇보다 희열을 느끼는 경우 상황이 웃기다고 여길 가능성이 좀 더 높기는 하지만, 웃음은 재미보다는 오히려 고양된 기분을 나타내는 징표일 수 있다. 신체적 양태와 감정적 태도는 다양한 방식으로 결합할 수 있다. 따라서 킥킥거릴 때도 불안한 듯 혹은 조롱하듯 할 수 있고, 시끄럽게 웃더라도 상냥하게 혹은 공격적으로 그럴 수 있으며, 놀라서 혹은 기뻐서 킬킬대거나, 호의적으로 또는 냉소적으로 키득거릴 수 있다.

바로 이 지점에서 역설이 발생한다. 웃음 자체는 순전히 기표─한낱 무의미한 소리─의 문제에 불과하지만, 사회적으로 속속들이 코드화된다. 웃음은 (어쨌든 대개의 경우) 즉흥적인 신체적 발현이지만, 사회적으로 특정하며 본능과 문화 사이에 존재한다. 춤과 마찬가지로 웃음도 몸짓언어다(데카르트는 웃음을 일컬어 "뜻 모를 격정적 외침"이라고 했다)[4]. 다만, 육체 역시 보다 개념적인 종류의 의미와 얽혀 있기는 하다. 하지만 그렇다고 해서 그처럼 더욱 심오하고 난해한 영역에만 오롯이 머무는 일은 결코 없을 것이다. 의미에 대한 맹목적인 물질성의 과잉은 늘 있는 일이다. 그런데 대다수의 유머는 바로 이러한 사실을 우리가 음미하고 즐길 수 있도록 해준다. 더불어 우리가 이런 식의 모순을 자연스럽게 받아들일 수 있게끔 독려하기도 한다. 특히 파스farce, 소극는 육체와 정신의 이런 숙명적인 충돌을 극적으로 과장하는 경향이 있다.

그저 소리만 내는 순수한 발화로서의 웃음에는 본질적인 의미가 결여되어 있다. 외려 짐승의 울음소리에 가깝다. 하지만 그럼에도 불구하고 거기에는 문화적 의미가 풍성하게 실려 있다. 이런 면에서 보면 웃음은 음악과 유사하다. 웃음에는 고유한 내재적 의미가 전혀 없을 뿐만 아니라, 혼이 나갈 정도로 발작적인 상태가 최고조에 이르면 의미의 해체가 발생한다. 육체는 한 인간의 담화를 파편화하고, 이드id는 일시적인 혼란 속으로 에고ego를 내던진다. 비탄, 극심한 고통, 극도의 공포, 맹목적인 분노와 마찬가지로 요절복통 수준의 진짜배기 웃음에는 자기 몸에 대한 통제력의 상실이 수반된다. 육체는 잠시나마 감당 못할 상태가 되고, 우리는 제 몸 하나 제대로 가누지 못하는 유아기로 퇴행한다. 말 그대로 신체적 장애가 발생하는 셈이다. 뒤에서 살펴보겠지만, 바로 이런 이유로 과도한 웃음은 종종 정치적으로 위험하다는 지탄을 받아왔다. 그러한 행위, 특히 거기에 수반되는 종류의 소리(홋홋, 힛힛, 힝힝, 낄낄, 킥킥)에는 놀라울 정도로 동물적인 무언가가 들어 있다. 이는 다른 동물들과 우리 인간들 사이에 밀접한 관련성이 있다는 사실을 상기시킨다. 아이러니가 아닐 수 없다. 그도 그럴 것이 동물들은 웃지 않고, 적어도 눈에 띄게 그러지는 않으니까 말이다.[5] 이런 의미에서 웃음은 동물적이기도 하고, 독특하게 인간적이기도 하다. 다시 말해, 짐승 소리를 닮긴 했으나 그 자체로 동물적인 것과는 상당히 거리가 있다. 물론 웃음은 인간의 기쁨과 즐거움 가운데서도 가장 일반적이고 흔하다. 이와 관련하여 밀란 쿤데라Milan Kundera는《웃음과 망각의 책The Book of Laughter and Forgetting》에서 프랑스 출신의 페미니스트 안니 르클레르Annie Leclerc의 말을 인용했다. "반복적으로, 맹렬히 돌진하듯, 고삐가 풀린 듯 터져 나오는 웃음, 장엄한 웃음, 화려하고 미친 듯한 (…) 관능적인 쾌락의 웃음, 웃음의 관능적인 쾌락. 웃음은 온전히 살아 있음을 뜻한다."

그런데 웃음은 의미를 가짐과 동시에 순수한 소리, 경련, 리듬, 호흡으로 인한 의미의 해체 또한 수반한다. 속절없이 바닥을 데굴데굴 구르면서 허우적대고 있을 때 흠 잡을 데 없이 완벽하며 균형 잡힌, 잘 짜인 문장을 만들어내기란 힘든 일이다. 너무나 많은 농담들에서 발견되는 논리 정연하고 일관성 있는 의미의 붕괴는 웃음 그 자체의 해체적인 본질에서 나타난다. 이런 식의 일시적인 의미의 교란은 부조리하거나 황당무계한 것들, 바보 같은 짓거리, 이런저런 유형의 초현실주의에서 가장 뚜렷하게 나타난다. 그러나 단언컨대, 바로 이 점이야말로 효과적인 희극에서 공통적으로 보이는 양상이다. 어떤 의미에서 웃음은 상징적 영역, 즉 질서 정연하고 분명한 의미의 영역의 순간적인 붕괴 혹은 분열을 대변한다. 그러면서도 또 다른 측면에서 보면 결코 그것에 의존하기를 멈추는 법이 없다.

여하튼 우리는 그저 간지럼을 탄다거나, 발작적인 우울증과 싸우거나, 누군가와 함께 있는 즐거움을 표명하는 경우가 아니라면, 대개는 어떤 사물이나 사건, 발언, 상황을 보고 웃는다. 이는 개념의 배치를 수반하는데, 바로 이런 연유로 비언어적인 동물들은 웃지 않는다고 주장하는 평론가들도 있었다. 웃음은 신체의 리비도적 수준에서 곧장 튀어나오는 표현의 일종이기는 하나, 거기에는 인지적 차원도 존재한다. 분노나 질투와 마찬가지로 웃음 역시 믿음과 가정을 내포하고 있다. 나중에 살펴보겠지만, 사실 유머의 여러 형태 가운데 일부는 주로 지적인 것들이다. 위트가 바로 그런 예다. 파르스는 인간의 행위를 한낱 물리적 운동으로 전환할 수도 있지만, 그런 경우에도 의미의 세계 안에서 움직이게 된다. 사람은 갓 태어났을 때부터 미소를 지을 수 있지만, 웃음은 생후 3, 4개월은 되어야 가능해진다. 아마도 거기에는 정신이 개입되어야 하기 때문일 것이다.

웃음이 그 자체로 통제가 불가능할 정도로 가속화될 수 있다는 것은 사실이다. 따라서 잠시 시간이 흐른 뒤에는 정확히 무엇 때문에 그렇게 웃고 있는지 더 이상 알지 못하거나, 그냥 웃고 있다는 사실 때문에 웃게 된다. 이를 두고 밀란 쿤데라는 또 한 번 안니 르클레르의 말을 빌려와서 "우리는 웃는 게 너무 웃겨서 웃었다"라고 표현했다.[6]

웃음이 전염되는 경우도 있다. 이 경우에는 누군가가 뭐가 그리 웃기는 것을 발견하고서 웃는지 알 필요도 없이 그 사람이 웃으니까 웃는다. 마치 병에 걸린 것처럼, 그것이 어디서 온 것인지 출처도 확인하지 못한 채 웃고 만다. 하지만 대체로 웃음은 정신과 육체의 관계를 그대로 유지한 채 정신을 바꿔놓는다.

웃음에 관한 이러한 설명들 가운데 상당 부분은 울음에도 적용된다는 흥미로운 사실에 주목할 필요가 있다.[7] 제임스 조이스James Joyce는 《피네간의 경야Finnegans Wake》에서 '웃음'에 관해 이야기했다. 조이스와 마찬가지로 아일랜드 태생인 사뮈엘 베케트Samuel Beckett는 자신의 소설《몰로이Molloy》에서 키우던 개가 죽은 지 얼마 안 된 한 여성을 두고 이렇게 서술했다. "나는 그녀가 응당 울 거라고 생각했다. 그런데 반대로 그녀는 웃었다. 어쩌면 그것이 그녀의 우는 방식인지도 몰랐다. 아니면, 실제로는 정말 울고 있었는데, 웃음소리 때문에 내가 착각했는지도 모른다. 눈물과 웃음, 나에게 이 둘은 게일어처럼 너무나도 이해하기 어려운 언어다."

사실 웃음과 울음이 언제나 쉽게 구별되지는 않는다. 찰스 다윈Charles Darwin은 감정에 대한 연구를 진행하면서 지적하기를, 웃음은 슬픔으로 쉽게 오해받을 수 있으며, 두 상태 모두 눈물바다를 수반할 가능성이 있다고 했다. 인류학자 데즈먼드 모리스Desmond Morris는《털 없는 원숭이The Naked Ape》에서 웃음이 실제로는 울음에서 진화했다고 주장했다. 간단히 설명하자면, 웃는다는 행위가 늘 웃을 만한 일이지는 않다는 것이다. 중국, 아프리카, 시베리아 등지에서는 웃음으로 인해 치명적인 전염병 같은 히스테리성 발작 증세까지 나타났다. 전해지는 바에 따르면 그로 인해 수천 명이 사망했다고 한다. 1962년에는 당시 탕가니카라고 불렸던 나라에서 그와 비슷한 일이 발생하여 수개월간 학구學區 전체가 발이 묶이기도 했다. 통제력 상실은 전적으로 유쾌하기만 한 일이 결코 아니기에, 웃음은 불쾌함으로 이어지기 쉽다. 새뮤얼 존슨은 본인이 펴낸 사전에서 이를 두고 '발작적인 유쾌함convulsive merriment'이라고 정의했다. 이는 간지럼을 타는 경우처럼 언제나 기분이 좋기만 한 경험은 아니다. 좋으면서도 뭔가 참을 수 없는 기분이 묘하게 뒤섞인다. 공포 영화를 볼 때처럼 만족감, 불안, 흥분, 뒤숭숭한 감정을 한꺼번에 느낀다. 원숭이들이 이빨을 드러내며 미소를 짓는 것은 사실상 위협을 드러내는 행동일 수도 있다. 토머스 홉스Thomas Hobbes는《리바이어던Leviathan》에서 웃음을 '일그러진 표정'이라고 서술했다. 웃으면서 비명을 내지르고, 숨을 헐떡이고, 가끔은 관상동맥에 혈전이 생긴 것 같은 증세를 보이는 사람들에 대한 이야기도 있다. 로렌스 스턴Laurence Stern의 《트리스트럼 샌디Tristram Shandy》속 화자는 너무 심하게 웃다가 혈관이 터지는 바람에 2시간 만에 피를 4파인트(약 2리터)나 흘렸다고 새빨간 거짓말을 늘어놓았다. 소설가 앤서니 트롤럽Anthony Trollope은 웃기는 소설을 보고 웃다가 뇌졸중으로 쓰러져서 고생했다. 그의 독자들은 겪을 가능성이 거의 없는 불행이었다.[8] 이렇듯 재앙의 씨앗을 품고 있는 웃음은 인류의 진보를 시사하는 행위일 수도 있다. 다시 말해, 입이 아니라 손으로 물건 나르는 법을 배운 동물만이 낄낄대거나 킥킥댈 수 있게끔 입을 자유롭게 남겨둘 수 있다.

어쩌면 웃음의 장르를 세분화하고 얼굴에 드러난 표정이 복잡한 의미 체계 안에서 어떤 식으로 자리매김하는지 보여주는 것으로 웃음이나 미소의 기호학을 개발할 수도 있다. 간단히 말해, 웃음을 텍스트 내지는 지역 방언처럼 무수히 많은 하나의 언어로 취급할 수 있다는 것이다. 가령, 상류층 영국인 남성은 중산층 영국인 여성보다 너털웃음을 터뜨릴 가능성이 크다. 중산층 여성의 경우 방울소리에 좀 더 가까운 웃음소리를 곧잘 낸다. 카리브해에 근접해 있는 휴양지인 벨리즈 사람들의 웃음소리가 런던의 부촌 벨그레이비어에서 들릴 개연성은 낮다. 군 장성이 낄낄댄다거나, 교황이 키득대는 일도 좀체 없는 일이다. 산타클로스로 분장한 사람이 환한 미소를 짓지 않고 실실대거나 히죽거릴 경우 문제가 생길 수도 있다. 아널드 슈워제네거가 음흉한 미소를 짓고 있는 모습은 쉽게 상상이 가지만, 바보처럼 히죽대는 모습은 잘 그려지지 않는다. 세계은행 총재는 마음껏 웃을 수는 있지만, 신경질적으로 웃으면 안 된다.

이 같은 웃음의 여러 양태와 분위기를 가늠하는 능력은 아리스토텔레스가 '프로네시스phronesis'라고 말한 것에 속한다. 프로네시스는 유머가 적절한 때와 부적절한 때를 아는 것과 같은 실질적인 사회적 노하우를 의미한다. 예를 들어, 성당에서 기도하는 도중에 나이 지긋한 수녀님께 "희고 검은데, 홈통 안에 누워 있는 게 뭘까요? 그건 죽은 수녀랍니다"라는 식의 농담을 던져서는 안 된다. 내 자식들 가운데 한 녀석이 다섯 살 때 한 짓이다. 다음의 대화는 부적절한 유머의 또 다른 예다.

의사: 자, 좋은 소식과 나쁜 소식이 있습니다.

환자: 나쁜 소식부터 먼저 알려주세요.

의사: 나쁜 소식은, 당신이 살 날이 석 달밖에 남지 않았다
는 겁니다.

환자: 그럼 좋은 소식은 뭔가요?

의사: 좋은 소식은, 제가 여기 계신 믿을 수 없을 정도로
아리따운 여성분과 함께 곧 모나코로 떠날 예정이라
는 겁니다.

우리는 어처구니없이 수작을 거는, 말도 안 되게 눈치 없
는 이 의사가 의사로서 응당 취해야 할 태도와 실제로 보인
행동 사이에서 발생하는 괴리에 웃음 짓는다. 이 유머를 듣
는 입장에서는 긴장감을 느끼게 되는데, 거기에는 기구한 운
명에 처한 환자를 희생시키며 얻어낸 약간의 유쾌한 사디즘
이 양념처럼 첨가되어 있다. 우리는 속이 빤히 보이는 의사
의 뻔뻔함, 인간에 대한 연민과 직업적인 예의를 노골적으로
깡그리 무시하는 그의 태도에서 욕구가 충족되는 것을 느낀
다. 짜증나고 갑갑한 책임들에서 자유롭고자 하는, 사회 통
념에 어긋나는 자신의 갈망이 대신 충족되기 때문이다. 우리
는 잠시 연민이라는 불편한 부담에서 자유로워진다. 이런 종
류의 블랙 유머는 타인의 실패를 보고 고소해할 때 들 수도

있는 죄책감을 덜어준다. 죄책감을 사회화하고, 친구들과 공유하는 농담의 형태로 던져서 그러한 감정을 더 잘 받아들일 수 있게끔 만드는 것이다.

죽음과 대면하여 웃는 것, 그리하여 자신의 유한성을 가벼이 여김으로써 얻게 되는 모종의 즐거움도 있다. 죽음을 가지고 농담하면서 죽음의 콧대를 꺾어놓고, 우리를 지배하는 죽음의 무시무시한 힘을 약화시키는 것이다. 아래에 나와 있는 또 다른 의사 농담처럼 말이다.

> 환자: 제가 얼마나 살 수 있나요?
> 의사: 10입니다.
> 환자: 10이라고 하시면? 10년? 10개월? 10주?
> 의사: 아뇨. 10, 9, 8, 7······.

허구의 형태로 자신의 소멸을 대면하는 것은 아주 짧은 순간이나마 불멸을 잠시 맛봄으로써 에고ego가 그 소멸로부터 찰나적 초월을 달성할 수 있다는 의미다. 우디 앨런Woody Allen의 조부가 죽음에 대해 상징적 승리를 거둔 사례를 떠올리는 사람도 있을 것이다. 우디 앨런이 감동스럽게 전한 바에 따르면, 그의 조부는 임종 순간에 손자인 그에게 시계를 '팔았다'고 한다. 웃음은 노화라는 우리의 보편적 결함과 더불어 우리의 유한성에 대해서도 약간의 보상을 해준다. 프리드리히 니체Friedrich Nietzsche는 실제로 인간이 동물 중에서 유일하게 웃을 수 있는 존재인 이유를 이렇게 설명했다. 인간은 너무나도 극심하게 고통받는 존재이기 때문에 자신이 겪는 고난에 대한 필사적인 임시방편으로 그런 것이라도 생각해내야 하기 때문이라는 것이다. 그런데 '교수대 유머'나 '묘지 유머'에는 죽음에 대한 부정否定 이상의 것이 내포되어 있다. 가벼운 농담으로 죽음을 아무것도 아닌 것처럼 만드는 것은 죽음에 대한 분노를 터뜨리는 것이기도 하다. 죽음이 야기하는 불안 때문이다.

우리가 두려워하는 것에 대한 무의식적인 욕망과 관련한 문제도 존재한다. 지그문트 프로이트Sigmund Freud가 '타나토스Thanatos', 즉 '죽음 충동'이라고 부른 것도 의미와 가치를 분쇄하기에, 우리가 유머로 알고 있는 순간적인 감각의 교란과 밀접한 관계가 있다. 유머와 마찬가지로, 이러한 디오니소스적인 힘은 감각을 왜곡하고, 위계를 뒤흔들고, 정체성을 병합하고, 차이를 뒤섞으며, 의미의 붕괴를 한껏 즐긴다. 이 모든 것을 이뤄내는 카니발이 묘지와 결코 동떨어져 있지 않은 것은 바로 이 때문이다. 모든 사회적 차별의 허를 찔러 그것을 뒤집어엎음으로써 카니발은 세상 만물의 절대적 평등을 긍정한다. 그런데 그 과정에서 배설물이 난무하는 광경으로 위태롭고 아슬아슬하게 나아간다. 모든 것을 똥과 다름없는 것으로 축소한다. 질펀한 연회장에서 인간 육신의 상호 교환이 가능하다면, 가스실에서도 그러하다. '죽음 수평화Dead levelling'라고 할 만하다. 디오니소스는 흥청망청 술 파티와 성적 황홀경의 신神인 동시에 죽음과 파괴의 전령이기도 하다. 디오니소스가 약속하는 '주이상스jouissance'는 치명적인 것으로 드러날 수 있다.

따라서 의사 농담은 점잖게 처신하고 타인을 배려하면서 대해야 한다는 요구로부터 얼마간 일시적으로 자유로울 수 있게끔 해준다. 또 아주 잠깐이지만, 죽음의 가능성을 두고 고뇌에 빠지는 일을 그만둘 수 있도록 해준다. 유머를 경감의 한 형태로 보는 이러한 관념은 소위 '방출 이론release theory'이라고 하는, 광범위한 영향을 미치고 있는 시각의 기반을 이룬다. 17세기 철학자 섀프츠베리 백작Anthony Earl of Shaftesbury은 희극을 본래 자유로우나 억압되어 있는 우리의 영혼을 방출하는 것이라고 봤다. 임마누엘 칸트Immanuel Kant

는 《판단력 비판Critique of Judgment》에서 웃음은 '고양되었던 기대가 갑자기 무無로 전환되는 지점에서 발생하는 정서'라고 하면서,[9] 방출 이론을 부조화 개념과 결합했다. 이런 식의 접근법에 충실했던 이가 바로 빅토리아 시대의 철학자 허버트 스펜서Herbert Spencer다. 스펜서는 "웃음은 불쾌한 정신적 긴장의 중단에 뒤따르는 유쾌한 기분의 분출에 의해 유발된다"고 주장했다.[10]

프로이트는 《농담과 무의식의 관계Jokes and their Relation to the Unconscious》에서 우리가 평소에 사회적으로 극히 중요한 억압 상태를 유지하는 데 쏟아붓는 심리적 에너지의 방출이 바로 농담이라고 주장했다.[11] 초자아superego의 억압을 완화함으로써 그것이 요구하는 무의식적인 노력을 아끼고, 대신에 농담과 웃음이라는 형태로 써버린다는 것이다. 말하자면 '유머의 경제학'인 셈이다. 이러한 관점에서 볼 때, 농담은 초자아를 향한 대담한 일격이다. 우리는 이런 식의 오이디푸스 콤플렉스적인 소규모 충돌에 환호작약한다. 하지만 의식과 이성 역시 우리가 존중하는 능력이기에 책임감과 발광 사이에 긴장이 발생한다.

헤겔Hegel은 《예술철학Vorlesungen uber die Philosophie der

Kunst》에서 말하기를, 우스꽝스러움이란 억누를 수 없는 관능적 충동과 인간의 고차원적 의무감 사이의 충돌로 빚어진 결과라고 했다. 이는 왁자지껄한 웃음에 투영된 갈등으로서, 앞서 살펴봤듯이 유쾌한 만큼 두려울 수 있다. 어쩌면 대부분의 농담은 '아버지the Father'를 끌어내리는 것일 수도 있다는 생각 때문에 여기저기서 불편하게 숨죽이듯 작게 웃음이 터져 나오는지도 모른다. 불손하다는 이유로 벌을 받을지도 모른다는 두려움 때문에 가장家長의 퇴위를 지켜보는 데서 오는 즐거움은 죄책감에서 우러나오는 불안한 키득거림으로 에워싸인다. 그리고 이러한 키득거림은 불안에 대한 방어로서 한층 더 낄낄거리도록 자극한다. 만약 웃음이 불안하고 초조하다면, 그것은 금단의 기쁨을 한껏 즐기는 것 못지않게 그로 인한 결과를 두려워하는 탓이다. 우리가 킬킬대면서도 동시에 움츠러드는 이유다. 하지만 죄책감은 즐거움에 모종의 양념을 친다. 좌우지간, 우리가 성취한 정복이 순전히 잠정적이라는 사실을—그리고 허울뿐인 승리라는 것도—우리는 잘 알고 있다. 결국 농담이라는 것은 그저 하나의 언어에 불과하지 않은가. 따라서 농담을 통해 우리는 죄책감을 달래가면서 마음껏 우상 파괴를 감행할 수 있다. 아버지(결국은 우리가 증오하는 동시에 사랑하는 존재)가 이런 식의 아주 소소한 반란으로는 영구히 불구가 되지는 않으리라는 믿음 안에서 안심하는 것이다. 아버지가 겪는 비참한 권위의 상실은 순전히 일시적이다. 이는 카니발의 판타지 혁명과 하등 다르지 않다. 흥겨운 축제가 벌어진 뒤 아침이 오면 떠오른 태양의 밝은 빛 아래 무수한 빈 포도주병과 뜯어먹고 남은 닭다리들, 그리고 순결의 상실이 드러날 테고, 모종의 안도감이 희미하게 감도는 가운데 다시 일상이 시작될 것이다. 아니면 희극 무대를 떠올려보라. 아주 통쾌하게 붕괴되었던 질서는 도로 회복될 테고, 어쩌면 질서를 무시하는 그 잠깐의 시도로 인해 오히려 질서가 더욱 공고해질 수도 있다는, 그리하여 무질서한 쾌락이 일정 수준의 보수적인 자기만족과 뒤섞일 수 있음을 관객들은 진혀 의심하지 않는다. 벤 존슨Ben Jonson의 《연금술사The Alchemist》, 제인 오스틴Jane Austen의 《맨스필드 파크Mansfield Park》, 닥터 수스Dr. Seuss의 《모자 쓴 고양이The Cat in the Hat》 등의 작품에서 볼 수 있듯이, 부모와 같은 존재가 부재한 상태에서 통쾌함이 느껴질 정도로 무책임하게 아수라장을 만들어버리는 것은 쉬운 일이지만, 부모 역할을 하는 존재가 어쩌면 영영 돌아오지 않을지도 모른다는 사실을 알게 되면 망연자실하게 된다.

프로이트는 무해한 농담으로써의 유머는 억압된 충동의

방출에서 비롯한다고 주장했다. 그러나 외설적이거나 모욕적인 농담의 경우, 유머는 억압 자체의 이완에서 기인하며, 신성 모독적이고 불경한 농담 역시 억압을 완화할 수 있도록 해준다. 같은 날 죽은 교황과 빌 클린턴에 대한 농담처럼 말이다. 뭔지 모를 절차상의 착오로 인해 교황이 지옥에 가고 클린턴이 천국에 가게 됐다. 그러나 실수는 금세 바로잡혔다. 두 사람은 정반대 방향으로 이동하던 중에 서로 지나치게 되었고, 용케 재빨리 말을 주고받을 수 있었다. 교황이 '동정녀 마리아'를 뵙기를 얼마나 간절히 바라는지 얘기하자, 클린턴은 이렇게 말했다. "딱 10분 늦으셨네요."

프로이트의 시각에서 볼 때 농담 자체의 유쾌한 형식, 이를테면 말장난, 단편적인 난센스 문구, 황당한 연관 짓기 등이 초자아가 잠시 경계를 늦추도록 만들 수 있다. 그리하여 무질서한 이드id가 검열 당한 감정을 전면으로 밀어낼 수 있는 기회가 생긴다. 프로이트의 표현대로라면, 언어적 형태로 된 농담의 '전희foreplesure'가 억압을 누그러뜨리고, 우리를 구슬려서 성적이거나 공격적인 농담의 내용을 받아들이게 한다. 그렇지 않았다면 마다했을 그런 농담을 말이다. 이런 의미에서 웃음은 억압의 실패다. 그래도 우리는 즐겁다. 다름 아닌 억압을 위반하는 바로 그런 행위를 통해서 억압의 힘을 인정하게 되기 때문이다. 그리하여 산도르 페렌치 Sándor Ferenczi가 지적했듯이, 완전히 고결한 인간은 완전히 악랄한 인간과 마찬가지로 웃지 않을 것이다. 전자는 애초에 불경한 감정을 품지 않을 테고, 후자는 금지의 힘을 인식하지 못할 터이므로 그것을 위반하여 넘어서는 데서 오는 특별한 전율을 전혀 느끼지 않을 것이다.[12] 프로이트가 지적하듯이, 우리는 생각보다 덜 도덕적일 수도 있으나, 상상하는 것보다 더 도덕적이기도 하다. '방출 이론'에 따르면, 신경증적 징후와 마찬가지로 농담은 억압 행위와 억제된 본능을 모두 아우르는 '타협 형성compromise formations'이다.

따라서 프로이트가 보기에 농담은 양다리를 걸친 채 두 주인을 섬기는 불한당이다. 이드의 이익을 부지런히 도모하는 동시에 초자아의 권위에도 복종해야 한다. 재담의 소규모 반란을 통해서 우리는 저항의 즐거움을 부인否認하는 동시에 누릴 수 있다. 어찌됐든 결국 농담은 농담일 뿐이므로. 셰익스피어의 《십이야Twelfth Night》에 등장하는 인물인 올리비아의 말마따나, 허락된 광대는 해가 되지 않는다. 그런데 사회 관습을 조롱하는 직언이 허용된 어릿광대는 그 자체로 지극히 관습적인 존재다. 실제로 광대의 불손한 언행은 사회 규범이 얼마나 현저한 회복력이 있는지, 조롱을 얼마든지 유쾌하게 견뎌낼 수 있는지 분명히 보여줌으로써 결과적으로는 규범을 강화할 수도 있다. 일탈을 용인할 뿐만 아니라 그것을 적극적으로 장려할 만큼 충분히 안정적인 사회질서야말로 가장 오래도록 지속되는 법이다.

유머 가운데 상당수는 프로이트가 '탈승화desublimation'라고 표현한 것을 수반한다. 숭고한 이상이나 고매한 알터 에고alter ego, 또 다른 자아에 거칠게 구멍이 뚫릴 때 거기에 쏟아붓는 에너지가 웃음으로 방출된다. 이상을 유지하는 데는 일정 수준의 심리적 중압감이 동반되는 탓에, 그 이상을 지속할 필요가 없어지면 통쾌한 충만감을 느끼게 된다. 이때 우리는 평판 좋은 도덕적 외양을 유지해야 하는 데서 벗어나서 까놓고 노골적인 상태가 되고, 냉소적이고 이기적이고 둔감하고 모욕적이고 도덕적으로 나태하고 정서적으로 마비된, 극악할 정도로 방종한 상태가 되는 데서 나오는 아주 탐스러운 열매를 따먹을 수 있다. 우리는 프로이트가 '논리의 강제the compulsion of logic'라고 칭한, 다루기 힘든 무의식에 달갑지 않은 제약을 가하는 과정, 즉 의미 형성sense-making이라는 것 자체의 긴급한 요구로부터도 기분 좋게 풀려날 수 있다. 따라서 제2차 세계대전 당시, 독일의 폭격기 부대를 속이기 위해 영국제도의 실물 크기 마분지 모형을 만들어 떠다니게 한 BBC 라디오 프로그램 〈군 쇼The Goon Show〉의 한 에피소드처럼, 뭐든지 가능한 세계에서 초현실적이고 부조리한 즐거움을 누리는 것은 바로 이런 이유 때문이다. 19세기 철학자 알렉산더 베인Alexander Bain은 "중대한 인생의 필수품으로 요구되는 인위적이고 부자연스러운 진지함이라는 태도"[13], 즉 본인처럼 빅토리아 시대를 살아가는 사람이라면 특히 의식하기 쉬운 제약에 관하여 이야기하면서, 유머가 잠시나마 세상을 향한 그러한 엄숙한 태도의 껍데기를 벗을 수 있게 해준다고 했다. 대개는 그냥 좀 아는, 안면 정도 있는 사람들의 건강과 안녕에 열렬한 관심을 보이고, 섹스에 대해서는 결코 단 한 순간도 생각하지 않으며, 쇤베르크의 후기 자품을 줄줄이 꿰고 있는 등 일상생활에서는 수많은 '점잖은 허구polite fictions'를 유지해야 한다. 그러니 잠시라도 가면을 벗고, 약점의 희극적 연대가 시작되면 유쾌하다. 베인은 더 나아가 '방출 이론'을 나중에 살펴볼 '우월 명제'라는 설명 방식과 결합했다. 우리가 고귀한 것의 몰락, 다시 말해 모종의 심리적 긴장을 풀 수 있게끔 해주는 하강을 보면서 기뻐한다면, 이는 부분적으로 그런 상황에서 그전까지 우리를 쩔쩔매게 하고 위축되게 만들었던 사람들에게 으스댈 수 있기 때문이다. 얼마나 많은 이론가들이 이런 식으로 유머에 관한 다양한 이론들을 결합했는지에 대해서는 뒤에서 좀 더 알아보기로 한다.

산도르 페렌치도 같은 맥락에서 "진지함의 유지는 성공적인 억압이다"[14]라고 언급했다. 따라서 유머는 일상적 의미의 가벼운 억압으로부터의 짧은 휴가이며, 그 자체로 승화의 한 형태다. 사회적 현실의 구축은 지속적인 노력을 요구하는 몹시 고된 작업이다. 그런데 유머는 정신 근육을 이완할 수 있도록 해준다. 좀 더 이성적인 힘 아래에는 보다 어둡고 뒤죽박죽인, 보다 냉소적인 서브텍스트가 자리하고 있는 듯하다. 매 길목마다 관습적인 사회적 행동을 그림자처럼 따라다니다가 가끔씩 광기나 범죄, 성적 환상, 생생하고 날카로운 기지의 형태로 분출하면서 표면화된다. 고딕소설 같은 문학 형식에서는 이러한 서브텍스트가 환한 빛의 세계에 대대적으로 난입한다. 영국의 희극 그룹인 '몬티 파이튼Monty Python'의 촌극이 떠오르는 대목이기도 하다. 알랑방귀를 뀌면서 손님 응대를 하던 가게 주인이 별안간 상스러운 욕설을 마구 내뱉기 시작하다가 이내 관례적인 공손한 자아로 되돌아가는 이야기다. 한편, 억압에 대한 저항이라기보다는 억압 그 자체를 보여주는 유머도 있다. 가령, 선하고 깨끗하고 다정하고 재미있어야 한다는 억압 말이다. 보이스카우트의 농담이나 일반 남성들의 농담은 감정의 미묘함과 심리적 복잡함, 즉 서로 수건 싸움을 하고, 깊은 숲속에서 웃통을 벗은 채로 드럼을 치는 세계에 위협을 가하는 그 모든 것들을 방어하는 불안하고 공격적인 방식이다.

프로이트의 학설이 나오기 이전에 베인이 자기 식대로 인지한 바에 따르면, 일상의 현실을 유지하는 일 자체가 지속적으로 거듭되는 억압을 요구한다. 정말이지 모든 사람들은 하나같이 관습적인 사회적 역할을 맡은 진짜 연극배우 같다. 꼼꼼하고 깐깐하게 각본대로 짜인 역할과 대사를 진지하게 따르면서도, 여차하면 언제든지 아주 사소한 대사 실수를 저지르거나, 가면극 전체의 절대적인 전횡과 부조리를 보고서 어린애처럼 무책임하게 요란한 웃음을 터뜨릴 수 있는 상태인 것이다. 의미는 그 자체로 일정 정도의 정신적 압박을 수반하는데, 그 수준이라는 것은 무의식에서부터 떼 지어 몰려드는 가능성들을 얼마만큼 배제하느냐에 좌우된다. 배설이 희극에서 그처럼 중요한 역할을 한다면, 이는 부분적으로 똥이야말로 무의미의 전형이기 때문이다. 의미와 가치의 모든 차이들을 똑같은 수준의 자기동일성적인 것으로 무한정 수

평화한다. 따라서 희극과 냉소주의를 가르는 선은 놀라울 정도로 가느다란 실낱과도 같을 수 있다. 모든 것을 똥으로 보는 것은 위계의 엄격함과 고매한 이상이 행하는 공포정치로부터의 복된 해방을 대변하는지도 모른다. 그런데 이는 기를 꺾어버리는 강제수용소에 가깝기도 하다. 만약 유머가 인간 존엄성이라는 보다 여실한 개념을 명분 삼아 거만함과 허세의 기를 꺾어놓을 수 있다면, 이아고처럼 가치라는 개념 자체를 뒤흔들 수도 있는 바, 이는 결과적으로 의미의 가능성에 좌우된다.

몇 분 간격으로 레버 누르는 일을 하던 공장 직원의 이야기를 예로 들어보자. 여러 해가 지난 뒤 이 작업을 하던 직원은 레버가 아무데도 연결되어 있지 않다는 사실을 발견하고서 크나큰 충격에 빠져 고통스러워한다. 이 일화에서 가장 심란한 측면은 얘기 자체가 약간 웃긴다는 점이다. 의미의 부담에서 놓여나면 우리는 상황의 부조리함에 섬뜩함을 느끼면서도 동시에 즐거워한다. 무의미는 매혹적인 동시에 섬찟하다. 다른 이야기를 예로 더 들어보겠다. 어느 정신병원에 입원한 환자들이 집단자살을 감행하기로 결정한다. 그런데 당장 쓸 수 있는 약이나 무기가 전혀 없다. 그래서 한 사람이 물이 담긴 양동이에 양 발을 담그고 선 상태에서 손가락을 소켓에 넣었고, 다른 사람이 스위치를 누르자마자 다들 그 사람에게 매달렸다. 이 이야기 역시 어둡게 재미있는 측면이 있다. 우리는 이 같은 극단적인 선택을 하도록 그 환자들을 내몬 고통에 경악하면서도, 우스꽝스러운 상황 때문에 쓴웃음을 삼킨다. 본래 불길한 의미로 둘러싸여 있는 죽음은 일시적으로 무장해제되고, 베케트 풍의 파르스로 축소 변환되면서 그간 유한성의 진실을 억압하는 데 쏟아부었던 에너지가 웃음으로 방출될 수 있다. 이 두 가지 사례 모두 유머 안에 인간의 가치에 대한 잔인한 묵살, 그렇더라도 우리가 계속해서 소중히 여기고 지켜나가는 가치가 들어 있다. 우리는 더 무섭고 끔찍한 결과를 얼마간 감내해야 할 필요 없이 축복받은 한 순간, 무분별한 상태에 살짝 발을 담글 수 있다. 그런데 초자아에 맞선 이런 공격을 흐뭇하게 여기는 이유는 부분적으로 (예로 든 두 사건은 모두 실화이기는 하지만) 우리 앞에 놓인 것이 진짜 실제라기보다는 그저 하나의 언어이기 때문이다. 동시에 프로이트가 유머에 관한 에세이에서 주장한 바와 같이, 초자아는 에고를 가엾게 여겨 나르시시즘을 강화할 수도 있다. 초자아는 결국 그 세계는 단지 농담에 불과하므로 불안해할 필요가 전혀 없다고 지적함으로써 에고가 천하

무적invulnerability임을 확인시켜주면서 위로의 말을 건넬지도 모른다.[15]

농담이 그러하듯이, 프로이트가 '현실 원칙reality principle'이라고 말한 것의 압제에 맞서면 모종의 유아적 만족감이 발생한다. 상징적 질서의 빈틈없이 강제된 구획과 정밀함이 생성되기 전에 형성된 탓에 논리나 조화, 선형성을 과감히 날려버릴 수 있는 상태로 퇴행하기 때문이다. 격렬한 웃음으로 인해 신체의 조정력이 발휘되지 못하는 상태는 이러한 태곳적 무력함으로의 회귀를 보여주는 외형적 징후다. 놀이가 아동들에게 하는 역할을 유머가 성인들에게 한다. 다시 말해 '현실 원칙'의 압제로부터 해방시켜주고, '쾌락 원칙pleasure principle'으로 하여금 어느 정도 주도면밀하고 세심하게 조정되는 '자유 놀이free play'를 할 수 있게 한다. 영유아기 아동들은 위트를 뽐낸다거나 시의적절한 개그의 거장이 되지는 못할지언정 엉뚱한 짓이나 황당한 짓은 몹시 즐긴다. 옹알이 같은 것도 마찬가지인데, 훗날 시(셰이머스 히니Seamus Heaney의 표현에 따르면 '입 음악mouth music') 또는 초현실적 유머가 될 수도 있다. 하지만 기존 규범으로부터의 일탈에 기대고 있는 희극과 같은 종류의 것에는 익숙하지 않다. 아직 규범을 전혀 파악하지 못하기 때문이다. 상황을 이화異化, defamiliarization 할 수 없기에 모든 것이 아직 경이로울 정도로 낯설 때는 미소가 나온다.

카니발이 높은 데서 낮은 데로의 급격한 하강에 불을 붙인다면, 섹슈얼리티 역시 지고한 것에서 우스꽝스러운 것으로, 저 하늘 높이 있는 관념론에서 평범한 일상적 오감의 영역으로의 점강법漸降法적 움직임을 드러내보인다. 이는 인간사 가운데 이 영역에 대한 억압이 특히나 강력하기에 그것의 방출이 그에 맞먹을 정도로 즐겁다는 사실과 더불어, 성적인 것이 언제나 유머의 확실하고 든든한 원천인 이유 중 한 가지다. 유머는 오르가슴과 유사한 수준의 만족스러운 긴장의 이완이 수반되는 탓에, 성적이지 않은 각종 유머들조차도 성적인 뉘앙스를 눌러왔다. 섹슈얼리티는 육체적 욕구의 문제이기는 하나, 동시에 신호와 가치의 문제이기도 하므로 육체적인 것과 기호학적인 것 사이의 경계선 상에 존재한다. 로맨스와 불장난, 의미 과잉과 의미 과소 사이에 내던져진 그것은 본질적으로 모호한 현상이다. 너무나 이국적인 동시에 너무나 진부할 정도로 뻔한 인간 활동은 거의 없다. 겨우 몇 센티미터짜리 살덩어리 내지는 몇 번의 기계적인 음부 찌르기로 어떻게 배 1,000척을 띄울 수 있겠는가? 누가 누구와 자는지에 관한 질문은 알파 센타우리태양계에서 가장 가까운 행성계의 관찰자라면 숙고할지 모르겠으나, 그런 질문이 어떻게 사람들이 울부짖고, 눈물 흘리고, 죽일 만한 쟁점이 될 수 있겠는가?

전통적인 희극에서 가장 중심이 되는 소재로는 결혼생활만 한 게 없다. 결혼생활을 통해 두 육체의 결합이 영혼 합일의 매개가 됨으로써 육체적인 것과 기호학적인 것이 이상적으로 하나가 된다. 그런데 셰익스피어의 《한여름 밤의 꿈 A Midsummer Night's Dream》처럼 희극은 이러한 친밀감의 임의성을 환기한다. 다시 말해, 항상 그러한 친밀감은 결국 그 상태가 달라질 가능성이 있고, 어쩌면 몇 장면 전에는 실제로 그러했을 수도 있다. 육체와 정신은 정말로 그처럼 순조롭게 딱 맞아 들어가지 않을 것이다. 《한여름 밤의 꿈》에 등장하는 인물인 퍽이 지나치게 자유로운 영혼이라면, 속된 아테네 직공들은 지나치게 단단한 육체다. 《템페스트The Tempest》의 등장인물들인 아리엘과 캘리밴의 극성極性에 대해서도 같은 이야기를 할 수 있을지도 모르겠다. 인간성의 심장부에 존재하는 균열은 해피 엔딩으로도 쉽게 치유되지 않을 것이다. 본능과 문화는 섹슈얼리티에서 서로 만나지만, 이들의 만남은 언제나 불안하다. 어쩌면 일부 희극에서 맨 마지막에 처치 곤란하고 동화되기 어려운 요소, 즉 축제에 합류하기를 거부하는 막돼먹은 말볼리오가 존재하는 것은 바로 이런 이유 때문인지도 모른다. 그런 존재가 없었다면 신의 섭리처럼 보였을 해결의 인위적이고 지극히 관습적인 본질을 관객들에게 환기하기 위함인 것이다.

매슈 베비스Matthew Bevis는 인간이라는 창조물을 두고 '자신의 고유한 동물성을 불쾌하거나 웃긴 것으로 여기는 동물'이라고 서술하면서 '우리라는 콤비 연기'에 대해서 위트 있게 표현했다.[16] 조너선 스위프트Jonathan Swift가 보기에 뭔가 그로테스크하거나 점강법적인 희극에는 육체와 우리가 인간성이라고 알고 있는 정신의 모순된 혼합물이 내재되어 있었다. 윈덤 루이스Wyndham Lewis는 "모든 인간은 하나같이 '인간'처럼 행동하는 '물物', 즉 몸이기에 필연적으로 웃기다"라고 논평했다.[17] 사이먼 크리츨리Simon Critchley는 "마지막으로, 웃기는 것은 몸이 있다는 사실이다"[18]라고 평했다. 보다 엄밀히 말하자면, 오롯이 몸을 가지지도, 몸이 되지도 못하는 데 따른 부조화(불일치)라고 할 수도 있겠다. 요약하자면, 우리는 심지어 농담을 하기 전부터 웃기는 생명체들이다. 그리고 유머 가운데 상당수가 우리의 기질 혹은 구성 요소에 내재한 이러한 균열 또는 자기 분열을 활용한다. 조지 오웰 George Orwell은 "농담의 목적은 인간이라는 존재를 비하하는 게 아니라, 인간이 원래부터 이미 우스꽝스러웠다는 사실을 환기하는 것이다"라고 말하기도 했다.[19] 언어적인 동물은 저 밑바닥까지 부조화스럽다. 우리는 자신의 동물성을 객관화하고 대상화할 수는 있어도, 동물성으로부터 본인을 분리하지는 못한다. 그렇기 때문에 인간이라는 종에게는 모종의 아이러니가 구조적인 것이다. 스위프트의 소설 말미에서 걸리버가 분명하게 보여주듯이, 동물적 실존과의 완벽한 절연은 일종의 광기가 될 터이나 그저 하나의 몸뚱어리가 되고 마는 것은《걸리버 여행기》에 등장하는 '야후'나 다름없다. 우리는 나의 신체적 한계를 뛰어넘을 수 있게 해주는 방식, 더 일반적으로는 역사를 만드는 것으로 알려진 상태로 구성된다. 이처럼 우리는 몸과 거리를 둘 수 있게 하는 방식으로 자기 몸에 속해 있다. 민달팽이라면 죽었다 깨어나도 모를 일이다.

점강법—고매한 것에서 평범한 것으로의 급작스러운 곤두박질—에는 방출과 부조화가 모두 수반된다. 나중에 살펴보겠지만, 부조화는 유머의 작동 방식에 관한 여러 이론들 가운데서도 현재 가장 일반화된 우세한 이론의 핵심부에 자리하고 있다. 이상화理想化는 특정한 심리적 결과를 동반하는데, 바로 웃음이라는 형태로 이완하고 방출하는 데서 오는 만족감이다. 물론 점강법이 그와 같은 심리적 발산이 일어나게끔 하는 유일한 방법은 당연히 아니다. 소위 '방출 이론'이라고 하는 견해에 따르면, 모든 유머는 이러한 하강 효과를 동반한다. 갑자기 몰아치는 탈승화를 통해 진지한 사안들이나 뭔가 사회 통념에 어긋나는 욕망들을 억압하는 데 들이붓는 에너지를 아끼게 되고, 대신에 그렇게 남아도는 에너지를 웃음의 형태로 쏟아낸다. 점강법적인 특징은 특히 영국의 희극에서 뚜렷하게 나타난다. 계급 제도의 집요함 탓이다. 토니 행콕Tony Hancock, 프랭키 하워드Frankie Howerd, 케네스 윌리엄스Kenneth Williams 등 전설적인 영국의 코미디언들은 하나같이 세련된 중산층의 고상한 어조에서 서민들의 직설적이고 투박한 어투로의 갑작스럽고도 상스러운 변환을 잘 활용했다. 이런 식의 희극은 본인의 정체성 내에서 경합을 벌이고 있는 사회 계급, 즉 노동자 계층의 분투 같은 형태를 내포하고 있는 듯하다. 고상함과 귀족성의 콧대를 꺾어놓는 것은 영국인들의 익숙한 취미이자 놀이로, 국민들의 풍자 본능을 자기 비하에 대한 애호와 결합한다. 영국식 유머는 대체로 계급 문화의 갈등 및 충돌을 중심으로 돌아간다. 이 대목에서 몬티 파이튼의 '프루스트 요약하기Summarise Proust' 콘테스트를 떠올리는 사람도 있을 것이다. 이 콘테스트는 인기리에 방영된 텔레비전 게임 방송으로, 참가자들이 프루스트가 쓴 대략 3,000쪽에 달하는 소설의 줄거리를 2분 동안 요약하는 경연이었다. 처음에는 야회복 차림으로, 그다음에는 수영복 차림으로 말이다.

사회적 요인이 상당히 다르기는 하지만, 점강법은 아일랜드 유머에서도 핵심적인 장치다. 고대 예술, 수도원의 학풍, 학문적 사고의 유산이 풍부한 사회다 보니 특히나 학구적인 문화와 비참하게 퇴보한 식민지 환경 사이에 존재하는 간극을 자각하기가 쉽다. 그리하여 영국계 아일랜드인 조너선 스위프트가 쓴 《걸리버 여행기》의 마지막 권은 독자가 서 있을 만한 규범적인 타협점을 결코 용납하지 않으면서, 터무니없이 고상한 '휴이넘' 종족과 똥 범벅인 금수 같은 '야후'들 사이를 오간다. 18세기 얼스터의 철학자 프랜시스 허치슨Francis Hutcheson은 《웃음에 관한 고찰Thoughts on Laughter》이라는 책에서 유머 가운데 상당수는 위엄과 불경, 품위와 비속이라는 어울리지 않는 결합에서 발생한다고 주장했다. 그는 이것이야말로 벌레스크burlesque, 저급한 풍자와 해학이 있는 희가극의 정신 그 자체라고 격찬했다. 허치슨이 말한 '벌레스크'는 스트립쇼가 아니라 우스꽝스러운 패러디를 의미한다고 봐야 한다. 로런스 스턴Laurence Sterne의 《트리스트럼 샌디》에서는 고매한 정신의 소유자로 병적인 수준의 합리주의자인 월터 샌디와 그저 육신뿐인 그의 아들 트리스트럼이 대조를 이룬다. W. B. 예이츠W. B. Yeats는 '미친 제인'과 주교를, 소작농의 카니발적인 활력과 숨 막힐 듯 갑갑한 정통파 영성을 대치시켰다. 제임스 조이스James Joyce의 《율리시스Ulysses》는 스티븐 디달러스의 심오한 묵상과 레오폴드 블룸의 세속적인 생각으로 양분된다.

사뮈엘 베케트Samuel Becket의 《고도를 기다리며Waiting for Godot》에서는 고색창연한 학문적 전통이 포조의 혼란스럽고 왜곡된 담화로 축소되어 우리 눈앞에서 수북이 쌓인 파편들로 산산조각이 난다. 플랜 오브라이언Flann O'Brien의 소설은 난해하고 심오한 형이상학적 추측과 진부하고 낡아빠진 술자리 대화를 통해 서로 싸움을 붙인다. 오늘날 아일랜드에서 점강법의 느낌을 살리려면 '스키베린 이글Skibbereen Eagle'이라는 표현을 쓰기만 하면 된다. 스키베린은 코크 카운티에 속한 특별할 것 없는 평범한 도시인데, 그 지역에서 발행되는 신문인 〈이글Eagle〉이 제1차 세계대전 말미에 사설을 통해 독자들에게 '베르사유조약을 엄중히 지켜보고' 있다고 엄숙히 선언한 일이 있었다. 고난의 역사를 겪어낸 소국들은 사회 구성원들 중에서 제 분수를 망각한 존재들을 특히 재미있어 하는 경향이 있다.

그런데 점강법에는 더욱 심오한 의미가 있다. 크리스토퍼 노리스Christopher Norris는 비평가 윌리엄 엠프슨William Empson에 관한 글을 쓰면서 엠프슨이 자신의 책《복합어의 구조The Structure of Complex Words》에서 다루고 있는 주요 핵심 용어('바보fool', '개dog', '정직한honest' 등)가 '그러한 단어의 사용자들로 하여금 본능적인 욕구 및 그에 따르는 약점에 관한 공유된 지식을 바탕으로 인간 본성에 대한 신뢰를 구축할 수 있게끔 만드는 (…) 건강한 회의론의 실질적 특질'을 만들어내는 데 일조한다고 주장했다.[20] 사실상 이것은 희극 정신에 관한 기술이기는 하나, 엠프슨이 다른 데서 목가적pastoral, 즉 평범하고 진부한 것들 안에 복잡하고 복합적인 것들이 깊이 박혀 있다고 보는 관점이라고 지적한 것에 대한 설명이기도 하다. 엠프슨이 볼 때 '목가적'이라는 것은 무엇보다도 특히 타인에 대해서 지나치게 많은 것을 묻지 말아야 할 때를 아는, 도량이 큰 평민의 지혜를 의미한다. 진리, 아름다움, 용기 같은 '높은' 인간적 가치들은 경애해야 마땅하다. 하지만 인간들이 이러한 지고한 이상에 부응하며 살지 못한다고 해서 지나치게 낙담하거나, 그런 약점 때문에 고통스러워하도록 그런 관념들로 사람들을 겁박해서는 절대 안 될 일이다. 이런 점에서 보자면 목가적 감수성은 안토니오 그람시Antonio Gramsci의 '양식good sense'과 일맥상통한다. 그람시가 제시한 개념인 '양식'은 자기보다 우월한 사람들에 비해 물질계에 정통한 덕분에 화려하게 떠다니는 미사여구나 수사법에 현혹될 개연성이 낮은 이들이 지닌 일상의 현실적인 지혜를 일컫는다. 엠프슨은 목가적인 동시에 프로이트적인 태도로 이렇게 논평했다. "가장 정제된 욕망은 가장 평범한 것에 내재한다. 만일 그렇지 않다면 그건 거짓된 것이다."²¹ 그는 남들보다 더 섬세하고 여린 사람들이 있다는 사실을 인정한다. 하지만 그러한 성향이 문제가 될 필요는 없다. 진실로 그 같은 차이가 사회적 악영향을 미치지만 않는다면, 그것은 '긍정적 풍부화positive enrichment'가 될 수도 있다. 그런데 매혹적인 예민함, 의협심, 미덕, 지성의 가장 눈부신 발현은 우리의 공통된 인간성에 비하면 보잘 것 없다. 그리고 어쩔 수 없이 선택해야만 하는 상황에 놓일 경우에는 언제나 후자를 택하는 편이 더 낫다. 그리하여 점강법은 한낱 우스꽝스러운 희극적 비유이기를 중단하고, 도덕적이고 정치적인 비전이 된다.

밀란 쿤데라는 《웃음과 망각의 책》에서 인간 실존에 관하여 천사의 관점과 악마의 관점을 대비시켰다. 천사의 관점은 세상이 질서 정연하고, 조화로우며, 의미로 꽉 들어차 있다고 봤다. 천사들의 왕국에서는 모든 것이 즉각적이고 압제적으로 유의미하기에, 애매모호함의 그림자는 한 치도 용인되지 않는다. 일체의 현실은 을씨년스러울 정도로 또렷하고 명료하다. 망상에 시달리는 사람들에게 임의성이나 우연성이 들어설 여지는 전혀 없다. 무슨 일이 벌어지든지 간에 모든 존재의 특성마다 제각각 할당된 기능이 있는 뭔가 거창한 서사의 일환으로, 필요에 따라 발생한다. 부정적이거나, 빗나가거나, 결손이 있거나, 제 기능을 못하는 것은 전무全無하다. 오히려 진통제와도 같은 천사의 시각으로 보면, 인간은 "인생 만세!"라고 외치면서 미래를 향해 활짝 웃으며 행진하듯 나아간다. 이런 식의 관점과 연계된 고상하고 세련된 웃음의 양태가 존재한다. 다시 말해, 이 세상이 얼마나 균형 잡히고, 의미가 있고, 지혜롭게 계획된 것인지에 대해서 크게 기뻐하는 것이다. 이는 다른 무엇보다도 특히 체코 출신의 쿤데라가 인생의 초창기를 보냈던 소비에트 도그마의 세계다. 그런데 그 세계는 동시대의 미국적 이데올로기와 뚜렷한 유사성을 지니고 있기도 하다. 현실에 대한 강박적일 정도로 낙관적인 '바라는 대로 될 수 있다'는 견해 말이다. 이런 행복의 나라에서는 그저 도전만 있을 뿐 재앙은 전혀 일어나지 않는다. 이런 세계에서 나오는 말들은 쿤데라의 표현대로라면 "똥이 없다". 반면, 악마의 말은 똥 천지다. 앞서 살펴봤듯이, 악마들은 의미와 가치가 일소一掃된 세계에 관한 이야기를 한껏 즐긴다. 모든 것이 똥인지 된장인지 분간이 안 되는 세계. 천사가 의미의 과잉으로 고통받는다면, 악마는 의미의 결여로 괴로워한다.

그렇다고는 해도, 악마의 관점 역시 나름의 소용이 있다. 사회적 실존에 있어서 그것이 담당하는 역할은 굴 속의 작은 모래알, 메커니즘의 사소한 결함, 사회질서의 삐딱하고 불량한 요소로 기능함으로써 진통제 같은 천사적 관점의 확실성을 뒤흔드는 것이다. 이런 측면에서 보자면 악마의 세계는 자크 라캉Jacques Lacan의 '실재계'와 모종의 유사성이 있다. 악마적인 것은 천사적인 것의 경이로움에 갑자기 구멍을 내어 그것의 가식과 허세를 꺾어버리는 조소嘲笑다. 도스토옙스키Dostoevsky의《카라마조프가의 형제들The Brothers Karamazov》에 등장하는 악마의 말마따나, 그것은 이 세계가 질식할 듯한 무미건조함의 무게를 못 이기고 자멸하는 사태를 방지하는, 처치 곤란한 심술궂은 요소다. 그 악마는 이반 카라마조프에게 자신의 역할은 신이 이루신 창조 안에서 일종의 마찰력 내지는 부정성으로서의 소임을 다하는 것이라고 말한다. 순수한 권태 때문에 시들시들 말라 죽어버리지 않게끔 막아주는 존재 말이다. 그가 없다면 이 세상은 '호산나에 지나지 않을' 것이다. 만약 이런 일탈적인 요소가 일소된다면, 우주의 질서는 궤도를 이탈하여 모든 것에 종지부를 찍게 될 것이다. 악마들은 타고난 해체론자들이다.

이 같은 종류의 유머는 잠시나마 세상사의 전반적인 체계 내에서 할당된 역할의 순서가 뒤바뀌거나, 어긋나거나, 이화되거나, 박탈되는 상황에서 비롯하는 재미다. 우리는 어떤 현상이 별안간 제자리에 있지 않은 듯한 때, 상황이 궤도를 이탈하거나 정상 상태에서 어긋날 때 웃는다. 이런 희극성은 이 세계, 즉 재앙과도 같은 의미로의 추락 이전에 있었던 순수함을 잃어버린 왕국의 압제적인 명료성이 일시적으로 유예된 상태를 나타낸다. 농담이나 즉흥적인 날카로운 위트처럼 우주의 균형을 흩뜨리거나, 우스꽝스럽고 기상천외하고 터무니없고 초현실적인 것들이 그러하듯이 논리 정연한 의미를 모조리 바래게 만든다. 말 그대로 무의미한 웃음소리는 감각의 의미를 유발한다. 그러니 악마적인 것들이 대체로 유머와 관련이 있는 것도 당연하다. 즉 예로부터 지옥은 본인이 인간의 가치를 간파하여 그것이 본래는 거만한 기만임을 까발렸다고 믿는, 영혼을 잃어버린 자들이 음란하게 낄낄대고, 키득거리고, 깔깔대는 소리가 울려 퍼지는 곳이다. 토마스 만Thomas Mann은《파우스트 박사Doctor Faustus》에서 이런 식의 웃음을 두고 '루시퍼의 추종자들 같은 냉소적인 분위기', '고함 소리, 새된 소리, 통곡 소리, 울음소리, 울부짖음, 피리 소리 같은, (…) 비웃음 같은, 득의양양한 피트의 웃음'의 '섬뜩한 유쾌함'이라고 표현했다.[22] 천사의 웃음과 대비되는 악마의 웃음은 오셀로와 대비되는 이아고, 또는 꽉 막힌 신의 사자使者에 맞서는 밀턴의 불타는 사탄이다. '웃음은 사탄과 같다'고 한 샤를 보들레르Charles Baudelaire는 그 다음에 이런 문장을 덧붙인다. '그러므로 오롯이 인간적이다.'[23] 악마는 깜빡 속아 넘어가는 인간들, 종잇장처럼 얄팍하고 쓸데없는 의미와 가치가 무쇠에 견줄 만큼 단단하다고 믿으려 하는 그들의 한심하고 애처로운 열망을 보고서는 못 믿겠다는 듯 발작적인 웃음을 참지 못한다.

알렌카 주판치치Alenka Zupančič는 희극에 관한 혁신적인 연구에서 농담을 '우리가 사는 세계의 역설적이면서 우연적인 구조'의 축소판으로 봤다.[24] 농담이 하는 일은 의미 형성의 불확실하고 근거 없는 본질에 대한 의식을 드높이는 것이다. 다시 말해, 농담은 현실에 대한 이성적이고 명백히 자연스러운 설명을 담고 있는 언어의 상징적 질서 내에 숨겨진 진실이다. 그러한 질서를 구성하고 있는 기표는 실상 임의적인 표식과 소리다. 기표가 효과적으로 기능하려면, 반드시 황당무계하고 터무니없는 방식을 비롯하여 여러 가지 다채로운 방식으로 결합될 수 있을 만큼 충분히 유연하고, 모호하고, 자유로이 움직여야만 한다. 따라서 말이 되는 것은 틀림없이 논리적으로 말이 안 되어야 하기도 한다. 서로가 서로에게 필수불가결한 조건이 된다. 주판치치는 '모든 의미sense의 전제조건으로서의 보편적 무의미nonsense'에 대해서 이야기한다.[25] 프로이트가 보기에도 '의미'의 기저에는 '의미 없음'이 자리하고 있다. 자크 라캉은 "농담의 가치는 (…) 모든 의미의 사용에서 근원적 무의미를 이용할 가능성이다"라고 서술했다.[26] 농담은 우연하게 구축된 사회 현실의 본질을 밖으로 끄집어내기에, 무심코 그것의 취약성을 노출시킨다. 주판치치는 "모든 농담을 통해 분명히 설명되거나 명확해지는 우리가 사는 이 세계에는 어느 정도의 불안정성과 근원적인 불확실성의 차원이 존재한다"라고 설명했다.[27] 어쩌면 연대의식을 바탕으로 한 역할의 질서 정연한 구조로 간주되는, 그 역할들의 적절한 결합을 가능케 하는 일련의 규칙들에 지배받는 상징적 질서에 대해서도 동일한 설명이 가능할지도 모르겠다. 질서의 본질 역시 그러할 경우, 질서가 적절하게 기능하려면 반드시 부적절하게 기능할 수도 있어야 한다. 사회질서를 규제하는 법들이 역할의 합법적 치환을 발생시킬 수 있다고 한다면, 그 법들은 동시에 역할의 불법적 치환을 발생시킬 수도 있다. 가령, 근친상간 같은 것들 말이다.

사회적 의미의 이러한 불안정성은 외부자의 눈에 가장 뚜렷하게 보일 수 있다. 그리하여 콩그리브, 파쿼, 스틸, 매클린, 골드스미스부터 셰리든, 와일드, 쇼, 비언에 이르기까지 영국의 희극 무대는 지금껏 아일랜드 이민자 혈통이 지배해 왔다. 이 작가들은 얼마 안 되는 자신의 위트를 팔러 다니면서 영국의 주요 도시로 흘러들었고, 내부자이자 외부자인 본인들의 혼성 지위를 생산적인 극적 용도로 전환하기에 이르렀다. 실제로 영국계 아일랜드 혈통인 이들 대다수는 영어 사용자이기에 본토의 관습과 관례를 완벽하게 익힐 수 있을 정도로 그 문화에 밝았으면서도, 그러한 관습과 관례의 부조리를 알아보는 풍자적인 안목을 지닐 만큼은 충분히 거리를 두었다. 영국인들에게는 자명하게 보였을 전제들이 그들에게는 눈꼴사나울 정도로 인위적인 듯한 인상을 줄 수 있었다. 희극 예술은 바로 이러한 괴리에서 나올 수 있었다. 본질과 계략의 충돌은 희극의 주된 모티프다. 그런데 이들 아일랜드 출신 작가들보다 이것을 제 피부로 느끼기에 좋은 위치에 서 있는 사람들은 거의 없었다. 이들은 자신들이 런던 리테라티literati, 지식인들의 손님, 그 이상도 이하도 아니라는 생각으로 영국의 여러 클럽과 커피하우스를 문턱이 닳도록 들락거렸다.

따라서 희극이 뒤흔들고자 하는 것은 합리적이고, 도덕적이고, 아름답고, 질서 정연한 완전체로 간주되는 세계라는 뜻에서의 '우주cosmos'다. 그런데 이는 어떤 의미에서 보자면 역설적이다. 《신곡The Divine Comedy, 직역하면 '신성한 희극'이 됨》같은 표현이 바로 이러한 시각을 드러낸다.[28] 뒤에서 살펴보겠지만, 희극이라는 용어 자체의 비유적 의미에는 겉으로는 안 그래 보여도 인류는 근본적으로 모두 잘 지낸다는 유사 신비주의적 긍정이 투영되어 있다. 단지 이런 측면에서만 보자면, 신약성서는 희극적인 기록이다. 다만, 그와 같은 믿음의 대가가 엄청나게 비싸다는 것은 잘 알려진 사실이다. 그 대가란 다름 아닌 죽음과 자기 박탈이다. 희극 무대는 분열적인 내용으로 균형에 의문을 제기하면서도, 형식면에서는 질서와 계획의 감각을 지켜낸다. 내용은 풍자적이거나 악마적인데 반해, 형식은 유토피아적이거나 천사 같은 것이다. 한 편의 희극 작품은 끝에 가면 전자의 상태에서 후자의 상태로 바뀌는 경향이 있다. 이러한 움직임은 상징적 질서 내에서 발생하는 위기를 중심축으로 전개될 수도 있으나, 궁극적인 목적은 바로잡고, 복원하고, 조화를 이뤄내는 것이다. 따라서 위기로서의 희극은 질서로서의 희극으로 대체된다. 천사적인 것은 악마적인 것의 결과에 부수하여 발생한다. 다만, 투쟁이 없는 것은 아니다.

마지막으로 희극과 관련해서는 가장 위대한 현대 철학자인 러시아 출신의 학자 미하일 바흐친Mikhail Bakhtin에게 기대볼 수도 있다. 이 주제와 관련하여 새로운 경지를 개척한 그의 저작《프랑수아 라블레의 작품과 중세 및 르네상스의 민중문화Rabelais and his World》는 스탈린 집권기에 썼다. 실제로 이 작품은 무엇보다도 특히 스탈린 정권에 대한 우회적 비평, 즉 전체주의에 대항하는 반체제로 의도됐다. 이 때문에 책의 저자인 바흐친은 결국 유형을 떠나게 된다. 바흐친이 보기에 웃음은 우스꽝스러운 일에 대한 반응일 뿐만 아니라,

독특한 앎의 형태이기도 하다. 웃음에는 "깊은 철학적 의미가 있다"라고 그는 서술했다.

웃음은 전체로서의 세계에 관한, 역사와 인간에 관한 진리의 본질적 형태 가운데 하나다. 세계와 관련한 독특한 시각이다. 엄숙한 관점에서 볼 때 못지않게, (어쩌면 훨씬 더) 세계가 온전하게 다시금 새로이 보인다. 따라서 웃음은 보편적인 문제들을 제기하기에 엄숙함만큼이나 위대한 문학 안으로 들어갈 자격이 있다. 이 세계의 본질적인 특정 측면들은 오직 웃음만이 접근할 수 있다.[29]

효과적인 예술 작품과 마찬가지로 희극 역시 독특한 각도에서 이 세계에 불을 밝히는데, 여타 사회적 관행들은 할 수 없는 방식으로 그 일을 해낸다. 바흐친이 염두에 둔 희극 예술의 장르는 카니발적 유머다. 이에 대해서는 뒤에서 좀 더 상세히 검토할 것이다. 바흐친이 보기에 카니발은 대중적인 축제 행사의 한 형태일 뿐만 아니라, 세계 전체를 바라보는 관점이기도 하다. 다시 말해, 카니발적 웃음은 틀림없는 하나의 언어라는 얘기다. 바흐친의 표현대로라면, 그것은 철학적인 동시에 보편적인 언어다. 따라서 르네상스 이후의 유럽에서는 그 자체가 '엄숙한' 교조주의적 담론으로 넘어가게 되면서 세계와 인간에 대한 근원적 진리가 이처럼 즐거운 언어 양식으로는 더 이상 표현될 수 없게 되었다고 그는 주장한다. 웃음은 이미 그전에 중세의 공식적인 의례와 이념에서도 제거되는 바람에 카니발이라는 비공식적인 하위문화 안에 둥지를 틀게 됐다. 바흐친은 "계급 문화의 엄숙한 양상들은 공적이고 권위적이다. 폭력, 금지, 제약과 결합되는 그것들 안에는 항상 공포와 겁박의 요소가 들어 있다. 중세에는 이런 요소들이 만연했다. 반대로 웃음은 공포를 극복한다. 억압도, 한계도 전혀 모르는 탓이다. 웃음의 언어는 결단코 폭력과 권위에 의해 사용되는 법이 없다"라고 서술했다.[30]

이렇듯 대중오락의 순진한 이상화를 전개하는 바흐친은 '빵과 서커스bread and circuses, 대중을 안심시키기 위한 일시적인 미봉책'의 전통적 기능을 망각한 듯하다. 요행히 텔레비전의 게임쇼나 우익 코미디언들의 존재를 몰랐던 그로서는 당연한 일이다. 바흐친은 카니발적 웃음이 "신의 권능과 인간의 힘, 권위적 율법과 금지, 죽음과 사후에 받게 될 벌, 지옥, 그리고 이승보다 두려운 모든 것의 타파다. (…) 공포에 대한 승리의 예리한 자각은 중세의 웃음에서 본질적 요소다. (…) 모든 두려운 것들은 그로테스크한 것이 된다"라고 열정적으로 이야기했다.[31] 핵심부로 들어가 보면 정치적인 그러한 희극은 '권력, 세속의 왕들, 상류층, 억압하고 통제하는 모든 것의 타도'

를 암시한다.[32] 그것은 '탄생, 부활, 풍부, 풍요가 함께하는 생명을 낳는 행위'와 연계된다.[33] "중세의 패러디 작가에게는"이라고 운을 띄우면서 바흐친은 과장된 방식으로 성급하게 논의를 전개했다.

모든 것이 예외 없이 웃었다. 웃음은 엄숙함만큼이나 보편적이었다. 그것은 온 세상을, 역사를, 모든 사회를, 이념을 향해 있었다. 그것은 세상만사에 미치는, 그 어떤 것도 그로부터 벗어나지 않는 이 세계의 또 다른 진리였다. 이를테면 그것은 모든 요소에서 세계 전체의 축제적 측면, 놀이와 웃음을 통한 이 세계의 두 번째 계시였다.[34]

우스꽝스러움과 엄숙함은 상충하는 인지 양식으로서, 단순히 대체 가능한 분위기 내지는 담론 양식이 아니라 현실의 본질에 대한 경합적인 설명이다.

카니발은 엄밀히 말해 일시적이고 단편적인 사건이므로, 바흐친이 그토록 열정적으로 이야기하는 승리는 실상 다소 빈약하다. 그렇다고는 해도 웃음에 관한 바흐친의 이론에서 아주 흥미로운 부분은, 세상사 가운데 누가 보더라도 가장 환상적인 사건인 카니발을 리얼리즘의 궁극적인 형태로, 그리고 윤리적인 측면과 더불어 인식론적인 측면에서도 다룬 다는 점이다. 우리에게 현실의 진실을 내어주는 것은 엑스트 래버갠저extravaganza, 희기극 또는 호화찬란한 쇼다. 특권적 인지 형 태로서 카니발적 웃음은 쉼 없는 성장, 부패, 생식, 무상無常, 재생, 부활하는 세계를 그 안에서 있는 그대로 파악한다. 그 리고 그렇게 함으로써 공적 이념의 거짓된 영속적 체계를 약 화시킨다. 오직 웃음만이 현실의 내밀한 실체를 내어줄 수 있다. 웃음은 반드시 "공포, 고통, 폭력이라는 엄숙함에 의해 돌아가는 음울한 거짓의 장막으로부터 이 세계의 명랑한 진 실을 해방"시켜야 한다고 바흐친은 주장했다.[35] 빅토리아 시 대의 소설가 조지 메러디스George Meredith는 이와 상당히 유 사하게 희극을 두고 "망상이라는 독"의 해독제라고 말하기 도 했다.[36] 바흐친이 보기에 그러한 유머는 카니발이라는 행 사와 밀접하게 관련되어 있기 때문에 인지 양태가 관조적이 기보다는 현실적이다. 오로지 왁자지껄 활기찬 카니발적 정 신, 흥겹고 두려움을 모르는 자유로운 그 정신만이 변덕스 럽고 일시적이며 미완 상태이고 불안정하고 개방적인 그 모 든 특질을 통해 현실을 긍정한다. 그리하여 더 이상 필요하 지 않게 된 튼튼한 기반, 형이상학적 확약, 선험적 기표를 없 애버릴 수 있을 정도로 대담하다. 희극적 세계관의 '냉철한

낙관주의sober optimism'는 탈신비화된, 이념적 환상이 일소된, 뿌리부터 일시적이고, 물질적이고, 변덕스러운 정체가 드러난 세계다.

이따금 결과적으로 대재앙과도 같은 비극적인 파멸을 초래할 수도 있다는 점을 고려한다면, 변화와 불안정이 본질적으로 귀하게 여겨져야 하는 이유는 여전히 불분명하다. 바흐친이 보기에 변화와 불안정은 그저 현실의 내재적 특징일 뿐이다. 현실주의적 인식론은 어떤 형태든지 간에 반드시 이러해야 한다. 다만, 인식론적 관점에서 참인 것이 어째서 윤리적 관점에서도 수용 가능해야 하는지에 대해서는 논의가 이뤄지지 않은 상태다. 현실과 공모하지 말고 현실의 결을 거슬러야 한다고 주장한 사상가들이 한둘이 아니기는 하지만, 희극과 리얼리즘의 연결 자체는 도발적이다. 유머는 지배욕과 소유욕을 진정시킴으로써 욕구와 필요의 강박으로부터 자유로운 상태에서 대상을 볼 수 있도록 해줄지도 모른다. 그저 자기 계획의 일환일 뿐 더 이상 의미와 가치를 지니지 않는다. 실상 웃는 몸은 그 같은 작용을 하지 못한다. 발터 벤야민Walter Benjamin이 말한 '기계적 재생산mechanical reproduction'과 마찬가지로, 희극은 세상사의 위협적인 오라aura를 떨쳐냄으로써 그것을 더욱 가깝게 만들지만, 그와 동시에 깊은 감정은 사라지고 만다. 시끄럽고 말 많은 본인의 요구나 욕망과 무관하게 파악할 수 있는 지점으로까지 상황을 밀어낸다. 즉각적 실행으로부터의 면제라는 측면에서 유머는 예술과 일맥상통한다.

바흐친이 이야기하는 카니발은 폭력적이고 욕설이 난무할 수 있으나, 이러한 불쾌함이 긍정과 안녕이라는 정신적 토대에 얽혀든다는 내용에 대해서는 나중에 살펴보기로 한다. 그 사이에 전혀 다른 입장을 취하는 유머 이론으로 방향을 틀어보려고 한다.

2

———

비웃는 자와
조롱하는 자

 유 머 란 무 엇 인 가

점강법이 높은 데서 낮은 데로 하강하는 궤적을 표현한
다면, 다른 의미에서 소위 유머에 관한 '우월 이론superiority
theory'이라는 것도 그러하다. 이 이론의 주장——유머는 나와 비
슷한 처지에 놓인 존재들의 약점이나 아둔함, 어리석음에 대
해 느끼는 쾌감에서 나온다——은 아주 오랜 역사를 가진다. 일
찍이《솔로몬의 서Book of Solomon》에는 사악한 자들을 위해
손수 준비해둔 재앙을 비웃는 야훼가 나온다. 이는 히브리 성
서에 등장하는 신의 웃음과 관련한 몇 안 되는 사례들 가운데
하나다. 히브리 성서에서 볼 수 있는 신의 웃음들은 대부분
상냥하기보다는 경멸적이다. 성 아우구스티누스의 전통에
따르면, 신은 지옥에서 죄인들을 조롱하듯 비웃는다.[37] 배리
샌더스Barry Sanders는 서양 문학에 등장하는 최초의 웃음이

《일리아드Iliad》 1권에 나온다는 사실에 주목한다. 신들은 '불의 신' 헤파이스토스의 절름대는 걸음걸이를 조롱한다.[38] 플라톤은 《필레보스Philebus》에서 악의적인 조롱에서 나온 것이 희극이라고 서술했다. 아리스토텔레스 역시 유머를 대개는 모욕적인 것이라고 봤다. 다만, 그는 불쾌감을 주지 않는 악의 없는 종류의 유머도 감안했고, 흠잡을 데 없는 정치적 올바름에 따라 타인의 불행을 보고 비웃는 행위를 삼갔다.[39]

키케로Cicero는 《웅변가에 관하여On the Orator》라는 글에서 우리가 인간의 기형을 보고 웃는다고 지적했다. 프랜시스 베이컨Francis Bacon도 우스꽝스러움과 흉측함이 웃음의 원천이라고 봤다. 진 리스Jean Rhys의 소설 《한밤이여 안녕Good Morning, Midnight》 속 화자는 '반드시 우는 사람이 있어야 나머지 사람들이 더 실컷 웃을 수 있는지도 모른다'고 생각한다. 이런 식의 비뚤어진 견해에 따르면, 유머의 주된 원천은 타인의 고통에서 느끼는 그러한 즐거움, 즉 독일인들이 '샤덴프로이데Schadenfreude'라고 부르는 감정이다. 우리는 엉성하고, 손놀림이 서투르고, 얼간이 같은 이들을 보고도 웃지만, 망상, 자기기만, 과장된 자만, 노골적인 호색, 열렬한 에고이즘(자기중심주의), 변변찮은 자기 합리화도 비웃는다. 이를 통해 에고는 환상에 지나지 않는 모종의 천하무적 상태를 만끽할 수 있다. 게다가 에고를 불안하게 하는 신체적 또는 도덕적 기형을 하찮게 만들고, 에고를 당황시키는 것을 풍자적으로 비꼬아서 깎아내리며, 두려운 것들 혹은 괴로움을 안겨주는 것들의 콧대를 꺾어놓음으로써 긴장을 이완하기도 한다. 심적 측면에서 보자면, 웃음거리가 된다는 것은 본인의 처지가 진지하게 다뤄지기보다는 평가 절하되는 것, 반박되기보다는 무시되는 것을 의미하기에 특히나 뼈아픈 종류의 굴욕이라는 사실에 주목하는 것일 수도 있다.

토머스 홉스의 《리바이어던》에는 우월 이론의 표준구locus classicus로 삼을 만한 유명한 문장이 나온다. '갑작스러운 득의는 웃음이라 일컫는 그러한 일그러진 표정을 만들어내는 정념이다. 이러한 승리감은 뭔가 갑작스러운 본인의 행위가 흡족할 때, 또는 타인에게서 뭔가 꼴사나운 것을 발견하고 우려하다가, 자신과 비교하여 별안간 스스로를 칭찬할 때 일어난다.'[40] 우리는 타인의 결함이나, 예전에 갖고 있었던 본인의 결점과 대비되는 내 안의 '탁월성'에 눈뜨게 되기 때문에 웃는다. 여기에는 다정하고, 장난스럽고, 긍정적인, 아니면 그냥 유쾌할 정도로 황당무계한 유머의 개념은 전혀 없다. 일반적으로 가장 매력적인 인간성의 특질을 얼마간 보여준다고 간주되는 능력은 가장 밥맛없는 부분의 표현이 된다. 그렇기는 하되, 홉스는 더 나아가 타인의 고통에 대한 과도한 취향은 소심함의 징표이기에 지탄받을 일이라고 주장한다. 위대한 이들은 남을 조롱하지 않으려고 분투한다. 본인과의 비교 대상은 오로지 가장 유능한 자들뿐이다. 홉스는 이 지점에서 우월 이론의 역설 가운데 한 가지를 간단하게 언급한다. 즉 남이 열등하다고 비웃는 자들은 그저 자신의 도덕적 초라함을 입증할 뿐이라는 것이다. 조지프 애디슨 Joseph Addison도 홉스의 관점을 지지했다. 그는 자신이 창간한 잡지 〈스펙테이터The Spectator〉에 게재한 글에서 유머를 두고 '은밀한 득의와 마음속 긍지'라고 썼다. 다만, 애디슨은 우월성 가정이 부적절할 경우도 있다는 점은 인정했다.[41] 헤겔은 《예술철학》에서 웃음이 인간의 일탈을 목격하는 데 따르는 자기만족에서 발생한다고 주장했다. 찰스 다윈도 마찬가지로 유머에는 우월감이 포함되어 있다고 봤다. 다만, 다윈은 부조화(불일치)도 유머에 일조한다고 봤다. 이들 뒤에 등장한 한 사상가는 사회 관습의 돌파는 우리에게 기분 좋은 우월감을 내어주고, 우리의 소심한 순응성을 없애버린다고 주장함으로써 우월 명제와 방출 이론을 결합했다.[42] 이와 대조적으로, 섀프츠베리 백작은 신플라톤주의적인 우주 질서와 사회적 조화에 관한 지각에 입각하여 오직 "원칙에 맹종

하는 사람들만이 (…) 속된 사람들에 대해서 우월감을 느끼고 대중을 경멸한다"고 주장했다.[43]

유머에 대한 총체적인 해석으로서 우월 이론은 대단히 신뢰하기 어렵다. 다만, 최근까지도 이 이론의 옹호자들이 얼마간 있기는 하다.[44] 실제로 이 이론은 받아들이기 힘들 뿐만 아니라 솔직히 말해서 상당히 웃기다. 표면적으로는 유쾌함, 동지애의 징표, 또는 순수한 즐거움으로 보이는 행위가 사실은 언제 어디서나 남을 깎아내리고 싶어 하는 악의적 충동에서 우러나온다는 주장에는 재미있게도 삐딱한 뭔가가 있다. 추측컨대, 붙임성 있는 싹싹함처럼 보이는 행동도 어쩌면 악의나 적의, 오만함, 공격성에 의해 추동될 수 있다. 시인 로버트 프로스트Robert Frost는 "어떤 형태의 유머든지 공포와 열등감을 내보인다. 반어법irony은 그저 일종의 조심성일 뿐이다. (…) 실제 이 세상은 농담이 아니다. 우리는 오직 누군가와의 논쟁을 피하려고 이 세계에 대해서 농담할 뿐이다. (…) 유머는 가장 매력적인 비겁함이다"라고 말했다.[45] 그러나 조롱하는 유머의 경우에도 우월감은 엄격하게 조정될 가능성이 있다. 누군가의 바지가 내려간 걸 보고 낄낄대면서도, 그 사람이 벨트를 고르는 안목을 제외하고는 모든 면에서 나보다 우월한 사람이라고 여길 수도 있는 것이다. 어떤 경우가 됐든 바지가 흘러내린 것 자체가 도덕적 결함은 아니다. 사람들이 다 보는 앞에서 불쑥 드러난 두 다리가 존재론적 열등함을 나타내는 징표는 아니기 때문이다. 나도 하등 다르지 않다는 사실을 알면서도 우리는 누군가의 약점에 대해 우쭐함을 느낄 수도 있다. 본인도 근시안적이면서 근시안적인 남을 보고 키득거릴 수도 있다. 약물 중독이었던 엘비스 프레슬리는 열렬한 약물 반대자였다. 게다가 설사 모든 유머에 열등함에 대한 평가가 수반된다고 하더라도, 열등함이 죄다 유머의 소재가 되는 것은 아니다. 우리는 속절없이 바닥을 뒹굴면서 허우적대지 않는다. 집합론의 원리를 이해하지 못하는 아기들도 아니고, 식기세척기도 못 돌리는 뱀들도 아니니까.

섀프츠베리 백작은 홉스의 견해에 대해서 회의적인 입장을 취하면서도, 악의적 형태의 유머와 방출 이론을 이어 붙였다. 흔치 않은 조합이다. 자연스러운 감정이 제약으로부터 벗어나 발산되면 '그게 풍자든, 흉내든, 익살이든 인간은 좌우지간 자신의 감정을 기꺼이 속 시원하게 털어놓으면서 억압자들에게 쌓인 원한을 풀 것이다.'[46] 철학자 프랜시스 허치슨은 프로테스탄트 지역인 얼스터에서 가장 친숙한 문학 장르가 아닌 웃음에 관한 논문에서 구미가 당기지 않는 홉스의 관념을 무너뜨리는 데 대단히 큰 재미를 느꼈다. "구름이 잔뜩 낀 흐린 날씨 속으로 물러가 이 열등한 대상들을 보고 비웃는 오후 시간을 누릴 병원 내지는 격리병원이 우리에게 없었다는 사실이 실로 유감이다"라고 그는 냉소적으로 비꼬았다.[47] 허치슨은 짐짓 곤혹스러운 척하면서 홉스의 추종자들이 '즐거워지려고' 올빼미, 달팽이, 굴 같은 열등한 생명체를 부지런히 모으지 않는다는 점도 흥미롭다고 덧붙였다. 엘렌 식수Hélène Cixous는《메두사의 웃음The Laugh of the Medusa》에서 여자의 웃음을 남자의 허세에 흠집을 내는 것으로, 그리하여 우월감의 표본이라기보다는 우월감에 대한 타격이라고 봤다.[48] 희극은 힘의 대항이 아니라 오히려 힘의 행사일는지 모른다. 그저 권력자들에 대한 조소에 그치는 게 아니라, 상징적 싸움의 영역이 될 수 있다.

유머란 사회적 실존에 있어서 모종의 비탄력성에 대한 반응이라는 앙리 베르그송Henri Bergson의 관념도 일종의 우월 이론이다. 베르그송은 비밀스러운 프리메이슨주의 내지는 한 사람의 경멸적인 시각을 공유하는 여러 사람의 공모를 비롯한 모든 유머는 실제로는 하나같이 망신을 주려는 의도라고 주장했다. 이 이론에 따르면, 우리는 분별없이 자동화되고, 강박적이고, 틀에 박히고, 자신이 속한 환경이나 상황에 적응하지 못하는 상태에 놓인 사람, 혹은 상황을 보고 웃는다. 본인의 틀에 갇혀버린 괴짜가 이 같은 사례다. 유머의 핵심은 조롱의 힘을 통해 이러한 일탈에 채찍질을 가하여 다시 제자리로 돌려놓는 것이다. 따라서 웃음은 사회적 일탈을 저지하고, 성격과 행동의 경직성을 완화하여 현대 사회가 요구하는 심리적 가소성을 만들어냄으로써 사회를 교정하는 역할을 담당한다. 그리고 유베날리스Juvenal에서 에블린 워 Evelyn Waugh로 이어지는 유구한 사회 풍자의 유산에서 보듯이, 희극은 직접적인 사회적 효용이 있다. 우리는 유머가 쓸데없고 비기능적이라고 여기지만, 천만의 말씀이다. 이런 우리의 생각과는 정반대로, 유머의 가장 전통적인 기능 가운데 하나는 사회 개혁이었다. 인간을 꾸짖어 덕성을 갖게 할 수 없었을지언정, 풍자는 그렇게 되도록 할 수 있다. 이 경우 적의는 고상하고 점잖은 결말로 이어진다. "인간들은 설교로는 고칠 수 없던 잘못들을 웃음거리가 되면서 고칠 수 있었다"라고 프랜시스 허치슨은 서술했다.[49] 물론 이것이 유머의 유일한 쓸모는 아님이 분명하다. 유머는 남을 조종하거나 회유하려고, 남의 환심을 사거나 무장해제를 시키려고, 서먹한 분위기를 깨려고, 계약을 확정지으려고, 상처를 달래거나 상처를 주려고 사용될 수도 있다. 가장 마지막에 든 예인 상처와 관련해서는 'sarcasm(비꼼, 풍자)'이라는 단어가 '살을 찢다'는 뜻의 고대 그리스어에서 유래했다는 사실에 주목할 필요가 있다. 유머는 방어 또는 긍정, 전복 또는 찬양, 연대 또는 비평의 문제일 수 있다. 단순히 공리주의적인 사안들로부터의 일시적 해방에 불과한 것이 아니다.

이를테면, 헨리 필딩Henry Fielding의 소설들을 떠올려보라. 필딩은 토머스 하디Thomas Hardy 이전의 여느 영국 소설가들과 마찬가지로(동시대인인 새뮤얼 리처드슨Samuel Richardson은 눈에 띄는 예외라고 하더라도) 희극 작가였다. 불행을 바로잡고, 갈등을 해소하고, 악행에는 회초리를 들고 선행은 보상함으로써 사회 개량의 동인 역할을 하게 되는 것이 바로 희극이다. 과도한 일탈을 채찍질하여 제자리로 돌려놓음으로써 일시적으로 혼란의 구렁텅이 속으로 내던져졌던 사회가 일정 수준의 질서와 균형을 되찾게끔 해줄 수 있다. 제인 오스틴의 소설들은 배꼽 빠지게 웃기는 경우는 거의 없지만, 바로 이런 의미에 한해서만 보자면 희극적이기도 하다. 어쩌면 이제 이 같은 정의는 오직 시적일 수만 있다는—소설만이 사회적 모순이 관리되고 조정되는 장소라는—단연코 희극적이지 않은 사실을 함축하고 있을지도 모른다. 이런 종류의 희극 예술은 사회적 조화라는 환상을 선사하기에 유토피아적인 동시에 이데올로기적이다.

베르그송이 보기에 희극은 감정의 문제가 아니라 지성의 문제였다. 그것은, 아주 절묘한 그의 표현에 따르면 '순간적인 마음의 마취'를 요구한다.[50] 프로이트 역시 희극이 그 어떤 강렬한 정서와도 양립 불가능하다고 봤다. 사실상 희극은 동정 내지는 연민을 익살로 전환하여 그와 같은 정서를 아낄 수 있게끔 해준다. 따라서 우월 이론에 따르면, 유머는 본질적으로 비정하다. 공감은 불구대천의 원수다. 앙드레 브르통André Breton은 선집《블랙 유머Black Humour》에서 이르기를, 감상주의는 유머의 치명적인 적이라고 했다. 웃음이 타인의 고통으로부터 우리를 보호하는, 연민에 대한 해독제로 진화해 왔다고 추측한 이론가도 있었다.[51] 상상할 수 있는 유머의 모든 형태를 아우르는 데까지 우월 명제를 펼쳐 보이겠다고 비장하게 결심했던 F. H. 버클리F. H. Buckley는 심지어 카니발까지도 용케 끌어들였다. 그는 정서적으로 메마른 지배자들에 대하여 향락적인 대중의 활력을 과시하는 것이 카니발이라고 봤다.[52] 소설가 앤절라 카터Angela Carter는 타인에게 벌어지는 비극이 희극이라고 표현했다. 멜 브룩스Mel Brooks는 어떤 사람이 자신의 손가락을 자르면 그건 비극이고, 누군가가 하수관 안으로 걸어 들어가서 죽으면 그건 희극이라고 말했다. 이러한 시각에 따르면, 웃음은 현실과 맞물려 있다. 재미있다고 여기는 것을 반드시 생생하게 감각해야 하는 탓이다. 하지만 동시에 거리를 두고, 냉담하고, 무시하고 하찮게 여기는 것이기도 하다. 타인의 허풍과 실수를 지켜보면서 우리는 겉으로만 그럴싸한 천하무적이 된 듯한 기분, 결국에는 불멸성을 획득한 듯한 거짓 기분에 자리를 내어주게 될 가능성이 있는 기분을 획득할 수 있다. 한심하고 딱한 에고는 자신의 결함을 타인에게 투사함으로써 복된 어느 한순간에 해害가 되는 것 너머에 있는 듯이 느낄 수 있다. 18세기에 '숭고함'으로 여겨졌던 그런 상태에 머물 수 있는 것이다. 이러한 방어 기제 덕분에 에고는 과적한 고통과 괴로움, 불안과 염려로부터 스스로를 구원할 수 있다.

에블린 워의 초기 풍자 소설들에서 심리적 고통의 과잉을 미연에 방지하는 것은 다름 아닌 '그에게 징역 7년형이 선고된 것은 꽤 충격이었다'와 같은 무미건조하고 치밀하게 웃음기를 뺀 무표정한 문체다. 대단히 그로테스크한 등장인물들과 있을 법하지 않은 사건들이 중립적인 문체를 통해 걸러지면서 평면적이고 단조롭고 무미건조해지고, 감정이 완전히 제거되며, 내면성이 빠져버리는 식이다. 이는 위의 소설 속에서 살아가는 사교계에 막 데뷔한 상류층 여성들, 상류층 한량들, 낯빛이 불그죽죽한 사교 클럽 회원들을 희생하여 얻어낸 풍자적 우월감이 발휘된 것이다. 하지만 동시에 이들에 대해서 이런저런 잣대를 들이대야 하는 일을 피하기 위한 우회적인 방법이기도 하다. 인물들 자체의 도덕적·감정적 마취 상태—본인의 경험에 속하지 못하는 무능——는 소설 내에서 그들이 주도면밀하게 외면화되어 다뤄지는 데서 잘 나타난다. 따라서 도덕적 진공상태인 그러한 세계에 대한 진정한 비판은 화자에 의해서건, 피해자나 희생양에 의해서건 결코 분명하게 표현되지 않는다. 이런 의미에서 보자면, 소설의 형식은 인물들을 소설의 주제보다 우월하게 만드는 동시에 그것과 공모하게 만든다. 인식의 태도가 냉정하고 감정에 휘둘리지 않는 것처럼 보일 수도 있으나, 이는 관망하는 행동에 대한 묵인이다. 한편, 인물의 감정이나 복잡한 특징들의 뉘앙스를 해독해야 한다는 중압감에서 놓여난 독자는 마음 편히, 그만큼 더욱더 크게 웃을 수 있다.

희극은 긍정적인 용어인 동시에 비하적인 용어일 수도 있다. 어떤 사람을 '코미디언'이라고 부를 경우, 그게 그의 직업이 아니라면 진실성이 안 느껴질 정도로 최고의 칭찬은 아니다. 코미디언 켄 도드Ken Dodd는 변호사가 "회계사 중에는 코미디언들이 있긴 하지만, 회계사인 코미디언은 별로 없다"라고 주장한 덕분에 탈세 혐의에 맞서 본인을 방어하는 데 성공했다. 발자크Balzac의《인간 희극Human Comedy》이 그러하듯이 '인간 희극'이라는 표현은 아마도 인간 실존의 역동성과 다양성에서 기인한 건강한 즐거움을 암시하는 것이리라. 그런데 이 말은 인간이라는 종 자체가 너무 심각하게 받아들여지지 않는, 농담 같은 존재라는 사실을 암시하는 것일 수도 있다. 다시 말해, 최고로 음울하고 비관적인 철학자인 아르투르 쇼펜하우어Arthur Schopenhauer가 그랬듯이, 실제로 신들의 입장에서 생각해본다면 추잡한 소극笑劇처럼 느껴질지도 모른다. 침울한 기질임에도 불구하고 쇼펜하우어는 인간이라고 알려진 그처럼 딱한 벌레들—그의 표현대로라면 "서로를 집어삼킴으로써 그저 잠시 동안만 존속하고, 자신의 존재를 불안과 결핍에 건네고, 대개는 마침내 죽음의 품속으로 떨어질 때까지 끔찍한 고통을 견디는, 시종일관 딱한 생명체들이 거하는 이 세계"—을 보고 회의적인 코웃음을 참기가 불가능하다는 사실을 알게 된다. 이처럼 '고통에 허덕이며 고뇌에 찬 존재들의 전쟁터'에는 원대한 목표랄 게 아예 없다. 오직 '결핍, 크나큰 그리고 기나긴 고통, 쉼 없는 분투, 만인의 투쟁bellum omnium, 서로 쫓고 쫓김, 압박, 부족, 필요, 불안, 비명, 울부짖음에 좌우되는 순간적인 희열, 찰나의 쾌락'만이 있을 뿐이다. '그리고 이것은 영원무궁토록in saecula saeculorum 혹은 다시 한 번 지구의 표층이 부서지기 전까지 계속된다.'[53]

혐오감에 빠진 이러한 시각에는 뭔가 어두운 희극성이 있다. 이처럼 올림포스산의 신과 같은 관점에서 보이는 세상의 모습과 인간들이 스스로 지극히 중요한 존재라고 아무 의심 없이 확신하면서 다채롭고 무용하고 헛된 계획들을 추구하는 데 쏟아붓는 열성 간의 괴리에서 희극이 발생한다. 이는 토머스 하디의 소설에서도 발견할 수 있는 이중 광각이다. 말하자면, 하디는 인물의 어깨 뒤에 카메라를 세워둔 다음 렌즈를 뒤로 당겨 장면을 넓게 잡음으로써 그 인물을 광활한 자연 풍광을 가로질러 꾸물꾸물 기어가는 티끌만 한 점처럼 보여준 최초의 소설가다. 이런 의미에서 본다면, 희극은 스위프트의 풍자와 마찬가지로 무자비한 축소의 제스처를 포함한다. 즉 허무주의와 치유 사이의 가느다란 선을 밟아 뭉갠다. 위에서 내려다보면 인간의 다양성은 기질이라고 알려진 무쇠처럼 견고한 운명을 맹목적으로 좇으면서도 저마다 본인의 자유와 고

유성을 확신하는 몇 종의 무리로 축소된다. 모든 소극이 그렇듯이, 이것 역시 희극성과 무의미함이 결합된 시각이다.

그런데 거리두기는 일종의 연민을 자아내기도 한다. 그 어떤 것도 그다지 중요하지 않다고 생각하게 되면 긴장이 풀리기도 하는 바, 타인에 대한 연민은 바로 이러한 긴장의 이완에서 흘러나올 수 있다. 우리는 자신의 상황에 대해서 좀 더 모순적인 관점을 적용할 수 있다. 내 상황이 더 이상 그렇게까지 급박해 보이지 않으면서, (똑같이 얄팍한) 타인들의 상황에 더 자유롭게 반응하게 된다. 아니면, 타인의 개인적 결함에서 눈을 돌리고, 대신에 그의 보편적인 역경을 돌보고 처리할 수도 있는데, 이 경우 남의 처지에 대한 연민은 개개인의 특이성에 대한 평가 절하에서 나온다. 욕지기를 느끼면서 인간 세상을 얕잡아볼 수도 있지만, 일말의 냉소적인 즐거움을 느끼면서도 그렇게 할 수 있다. 윌리엄 새커리William Thackeray의 소설《허영의 시장Vanity Fair》의 결말 부분처럼 말이다. "아, 헛되고 헛되도다! 이 세상에서 누군들 행복하랴? 누군들 욕망을 가졌으며, 설령 욕망을 가졌더라도 누가 만족하랴? 자, 얘들아, 어서 상자를 닫고 꼭두각시를 거두자, 이제 연극은 끝이 났으니." 이 소설이 진행되는 동안 피와 살로 이뤄진 생명체인 줄로 알고 있었던 등장인물들은 지칠 대로 지쳐서 훈계조로 말하는 마지막의 이 제스처로 인해 채색한 인형들로 축소되고 만다. 그간 전개되었던 복잡한 사건 전체가 고작 한 아이를 즐겁게 해주려는 목적의 무익한 쇼가 되어버리듯이.

조지 엘리엇George Eliot도 《아담 비드Adam Bede》에서 본인이 창조한 특별할 것 없는 평범한 하층 중산계급인 등장인물들에 대해 이야기하면서 유사한 어조를 택했다.

모두들, 하나같이 죽을 운명을 타고난 이들은 반드시 있는 그대로 받아들여져야 한다. 당신은 그들의 코를 바로 세울 수도, 그들의 재치가 반짝이게 할 수도, 그들의 기질을 바로 잡을 수도 없다. 당신이 용인하고, 측은히 여기고, 사랑해야 할 필요가 있는 것은 다름 아닌—당신이 인생을 살면서 지나치게 되는 사람들 중에서—바로 이 사람들이다. 당신이 존경할 수 있어야 하는 선량한 행동은 다름 아닌 바로 이들, 다소 추하고 어리석고 모순적인 사람들의 행동이다. 이들에 대해서 당신은 가능한 한 모든 희망, 가능한 한 모든 인내를 품어야 한다. (…) 나는 한결같은 수수한 존재의 충직한 모습에서 아주 기분 좋은 연민의 원천을 발견한다. 그리고 이것은 과시하듯 화려한 삶 또는 절대적인 극빈의 삶, 비극적인 고통으로 얼룩진 삶 또는 세상을 뒤흔드는 행동으로 이뤄진 삶보다는, 나와 다르지 않은 유한한 인간들 가운데 그토록 많은 이들의 숙명이었다.

이처럼 애정이 담긴 눈길로 위에서 내려다보면 인간들은 무기력하고, 우매하고, 옅은 혐오감을 자아낸다. 그렇다고 해서 그들이 무가치하지는 않다. 어쩌면 아주 짧게나마 비극적 영웅주의나 관념적 이상주의에 빠질 수도 있다. 이러한 역설적인 감정과 더불어 위에서 내려다보는 태도는 이 우스꽝스러운 생명들의 기벽과 약점에 대한 묘하게 뒤틀린 관용뿐만 아니라, 이들에 대한 따스하고 아낌없는 연민으로 나아간다. 엄밀히 말하자면, 실제로 이러한 연민은 그 생명체들이 사랑하기가 너무나도 힘든 존재들이기에 오히려 더욱더 가치가 있다. 보잘 것 없고 평범한 이런 유형들은 정말이지 기본적으로 절망적이다. 그렇다고 해서 이들이 악한惡漢이라는 말은 아니다. 삶 자체를 너무나도 칙칙하고 재미없게 만드는 그 평범함 덕분에 그들은 그 어떤 극적인 악행으로부터도 면제된다. 만약 그들이 좀 더 영웅적이거나 눈부시게 빛나는 존재였다면, 사람들로부터 동정을 덜 받았을지도 모를 일이다. 그런 평범한 개인들에 대해서 너무 많은 것을 기대하지 않는 한(유토피아주의자와 혁명가를 마음속에 품고 있었던 엘리엇은 한걸음 더 나아가 '오직 양 극단의 세계에만 들어맞는 지고한 이론들'을 호되게 질책한다), 그들은 누군가의 즐거움과 재미에 꼭 맞춤한 재료가 되는 동시에, 연민과 자비를 받게 될 후보자가 된다. 그런데 이는 각성에 따른 불길한 정치적 결과를 초래할 가능성이 있는 관대함이다. 인간들이 정말이지 이 정도로 결함이 있는 존재들이라고 한다면, 견고한 통치 체제의 타격이 필요할 수도 있기 때문이다.

이같이 정도가 약한 비하적인 평가에 따르면, 인간은 결함이 보완되거나 대혁신이 불가능한 존재가 된다. 즉 오로지 타고난 모습 그대로일 수밖에 없다. 연극배우들이나 소설 속 등장인물들과 마찬가지로 오히려 세세하게 대본처럼 짜인 역할을 수행한다. 우월하고 유리한 위치에서 보면 마치 개미집을 관찰할 때처럼 인간들의 행동이 어떤 식으로 결정되고 무엇에 좌우되는지 볼 수 있다. 인간들은 본인의 생각과는 달리 자유롭지도 않고 자기 결정력도 없다. 따라서 사회적 실존은 흐트러지지 않는다. W. B. 예이츠의 시 〈1916년 부활절Easter 1916〉을 보면, 존 맥브라이드는 '가벼운 희극 안에서 / 자신의 역할을 순순히 해냈다'고 한다. 그런데 그는 죽어서야 그 역할에서 벗어날 수 있다. 바로 이런 식의 암울한 결정론으로부터 모종의 멜랑콜리한 쾌감을 얻을 수 있다. 인간은 어쩌면 특별하지 않을지도 모른다. 하지만 적어도 예측 가능하다. 그 어떤 비범한 일도 결코 해내지 못할 테지만, 당신은 그들과 어떤 면에서 동질감을 느끼는지 잘 안다.

인간을 일련의 무의미한 순환에 휩쓸려가는 존재로 간주할 경우, 이는 냉소주의도 겸양도 아닌 희극에 영감을 줄 수 있다. 우리는 굉장한 휘둘림과 소용돌이 속에서도 진정으로 상실되는 것이 아무것도 없음을, 모든 것이 결국에는 약간 달라진 상태로 회복되리라고, 모든 현상이 그저 영원히 변치 않는 요소들의 찰나적 조합일 뿐임을, 그리고 만일 우리가 유한한 존재라면 적어도 신이나 세상만사의 장대한 흐름 역시 마찬가지일 수 있음을 확신하게 된다. 그리하여 T. S. 엘리엇의 《황무지》와는 달리 조이스의 《피네간의 경야》는 이러한 영겁 회귀의 시각을 바탕으로 카니발적 문체를 구현한다. 조이스와 마찬가지로 아일랜드 출신인 W. B. 예이츠는 장차 역사의 수레바퀴가 불굴의 영국계 아일랜드인들을 본래 있던 영광의 자리로 되돌려 놓는 방향으로 돌아가리라고 기대했다. 그의 시 〈청금석 부조Lapis Lazuli〉에 등장하는 중국인들은 유쾌하게 빛나는 두 눈으로 아주 높은 곳에서 아래쪽을 응시하며 부패,

파괴, 폭력, 재생이 이뤄지는 다채로운 광경을 바라본다.

잔인함과 고통이 존재하기는 하지만, 이 세계는 그러한 사실들에 대한 완벽한 앎을 통해서 긍정된다. 태양 아래 새로운 것은 없으니, 모든 것을 이미 다 알고 있다는 사실이 낯섦에 대처하는 데서 기인하는 심리적 불편함과 불쾌함으로부터 우리를 구원한다. 질서 정연한 우주라고 알려진 이 거대한 예술 작품 안에서는 아무것도 바뀔 수 없기에, 인간의 판단이라는 것 자체가 무용하다는 사실, 모든 것에는 각각 배당된 자리가 있다는 사실, 그리하여 이 세계에 적용 가능한 태도는 오직 심미적 자세밖에 없다는 사실을 받아들여야만 한다. 뭔가가 개입하여 이러한 사실들을 바꿔버릴 가능성은 결단코 없다. 따라서 희극과 운명론은 서로 통한다. 도덕적 양심이라는 짐을 훌훌 벗어던진 우리는 나 자신이 질서 정연한 우주를 구성하는 만고불멸의 요소와 밀접하게 얽혀 있다는 사실을 아는 상태에서 우주를 바라볼 수 있다. 그 우주가 우리 인간이라는 존재를 그저 곧 부서져 사라질 파도에 지나지 않는 것으로 생각할지라도 말이다. 우주에 대해 소상히 알고 있다는 데서 오는 이런 확고한 안심감은 여러 경험들 가운데서도 본질적으로 가장 희극적이다. 물론 웃긴다는 의미에서 희극적이라는 게 아님은 분명하다. 유머는 그로부터 길러지는 평정심에서 흘러나올 수 있다. 말하나마나, 이것은 비난의 여지없이 완벽하다는 뜻도 아니다. 심오하다고 해서 꼭 타당할 필요는 없다. 이런 시각에서 보면, 비극의 중심 주제인 절대적 손실을 아무렇지 않게 여길 수 있다. 만약 모든 것이 재생되고 회복된다면, 돌이킬 수 없는 피해란 있을 수 없다. 이는 도덕적·정치적 관성의 치료법일 수도 있다. 우리가 할 수 있는 최선은 사방에서 우리를 괴롭히는 불행과 차분하게 거리를 둔 채로, 파국을 맞고 피하는 것은 자연의 섭리라는 사실을 아는 상태에서, 현실을 어떤 장대한 예술 작품처럼 보는 것이다.

지인 중에 사회학자가 한 명 있다. 어느 날 그는 자신이 속한 대학의 학과 사무실에 갔다가 비서가 울고 있는 모습을 보게 됐다. 비서를 달래주던 그는 복도를 돌아다니다가 다른 사무실을 흘깃 보았고, 거기서 또 다른 비서가 울고 있는 모습을 보게 됐다. 그는 나에게 말했다. "비서 한 명이 울면 비극이지만, 비서 둘이 울면 사회학이죠." 아니면 희극이라고 말할 수도 있겠다. 그저 개략적인 의미에서 말이다. 사회학자들은 개별적인 현상에는 관심이 없다. 상당수 희극도 그러하다. 희극의 관심을 잡아끄는 것은 조금 떨어져서 바라보는, 공통된 행동 양식과 의식적으로 반복되어 나타나는 인간사의 일반적인 그림이다. 모든 형태의 예술이 가장 크게 기대고 있는 것은 인간 본성이라는 개념이다. 고도의 비극은 예외적인 반면, 희극은 흔하다. 또 다른 비서의 울음은 첫 번째 비서의 슬픔을 평가 절하하는 듯하다. 관심의 초점을 한 개인에서 전체적인 패턴으로 전환하고, 제일 처음 울고 있었던 비서와 거리를 두면서 정서적 반응을 솎아내는 것이다. 나중에 살펴보겠지만, 이 같은 반영과 반복에는 희극적인 뭔가가 존재한다. 즉 단일 현상을 처리하는 데 쓰이는 에너지를 방출한다. 이는 고통이 아니라 재미를 발견할 수 있는 이중화doubling다. 우리는 각각의 상황들이 서로 다르리라고 예상한다. 그래서 우연히 뜻밖의 동일성을 발견하게 되면 어긋나고 이상한데, 바로 그렇기 때문에 재미있다. 이는 부조화(불일치)가 둘 이상의 서로 다른 현실의 충돌 문제가 아닌 유일한 경우다.

개인의 운명으로부터 일정한 거리를 두면서 전체적인 그림을 보는 이러한 시각은 다수의 희극 무대에서도 찾아볼 수 있다. 이런 연극은 대체로 우리를 끌어들이는 동시에 가로막는다. 대개는 극의 형식 때문이다. 사람들은 벤 존슨의《연금술사》나 오스카 와일드Oscar Wilde의《진지함의 중요성The Importance of Being Earnest》을 매우 훌륭한 극작품으로 꼽는다.

이 두 작품은 등장인물의 정형화 및 언어의 전경화前景化와 더불어, 사건의 양식화·형식화를 통해 관객이 아주 즐거워하면서 웃음을 터뜨리는 바로 그 순간 단호하게 관객과 거리를 둔다. 희극의 정형화된 이미지를 대면한 관객은 사실적인 캐릭터의 복잡성을 음미하는 데 쏟아부어야 했을 에너지를 아낄 수 있고, 그리하여 그 에너지를 낄낄대거나 키득거리는 웃음의 형태로 방출할 수 있다. 감정이입은 이 같은 즐거움에 치명타를 날리게 된다. 이러한 양식화는 파르스에서 이중화, 미러링, 미스매칭, 반전, 역화, 치환, 크로스오버, 역전, 반복, 이중효과, 그리고 황당무계한 우연의 일치를 통해 최고조에 이른다. 이 모든 형식의 대칭과 균형은 질서의 잔상을 대변한다. 등장인물들은 기름칠이 잘 되어 순조롭게 돌아가는 기계에 속한 수많은 톱니 역할을 하게끔 주관성이 제거된 채 한낱 사건의 전달자로 축소된다. 우리는 등장인물들에게 공감한다고 생각하자마자 카나리아에 대해서도 공감하게 된다. 덜 익살스러운 소극풍 희극에서는 줄거리가 똑같이 큰 비중을 차지할 수도 있다. 왜냐하면 세속적 버전의 '신의 섭리'로 기능해야 하기 때문이다. 관객의 즐거움에 약간 초를 쳐야 고결한 등장인물들이 출세를 위해 아등바등하는 것처럼 보여줄 수 있다. 이 경우, 서사 자체가 불가피하게 사실적 신빙성을 어느 정도 희생하더라도, 반드시 그런 인물들에게 토지나 오랫동안 보지 못한 형제자매, 부유한 배우자를 부여하는 과업을 상정해야만 한다. 사실 현실의 올리버 트위스트가 결국에는 모슬린 셔츠와 벨벳 재킷을 입게 될 가능성이 과연 얼마나 되겠는가? 사악한 세상에 대한 사실적 묘사는 결과적으로 번창했으면 싶은 가치의 붕괴를 가져오기 십상이다. 따라서 사실성의 무시는 어쩔 수 없이 치러야 하는 대가다. 희극은 인간들로 하여금 자력으로는 얻을 개연성이 낮은 결실을 얻게끔 유도함으로써 어린아이와도 같은 그들의 무력함과 취약함을 동정하게 만든다. 역사가 상황을 오판하고 일을 그르치는 일이 허다하기에, 이러한 역사의 결함을 바로잡으려면 희극이 필요하다.

브레히트의 연극은 아주 다른 경우다. 브레히트의 연극에서는 공감의 금지 덕분에 그 어떤 특별한 관점이라도 상대화할 수 있고, 전체 사건을 비판적으로 볼 수 있게 된다. 이때 갈등과 모순을 놓치지 않은 상태에서 거리를 두고 내린 판단이나 평가는 절대적이고 완벽한 주장의 적이 된다. 관객은 정서적 공감대를 차단당할 수밖에 없는데, 이는 오로지 보다 훌륭한 자비라는 명분하에, 그 연극이 아니라 정치사회 전체에 비판의 잣대를 마음껏 들이대기 위해서다. 이와 같은 극작품 가운데서도 희극은 위트나 유머보다는 구조적 반어법 안에 자리한다. 이를 통해 하나의 관점은 상반되는 또 다른 관점과 경합하게 되고, 모순이 탄로 나며, 실제와 불화하는 다양한 범주의 가능성들이 넌지시 드러난다. 그리고 '소외효과alienation effect'처럼 인물은 연기를 하는 동시에 본인의 연기를 대상화(객관화)한다. 이 같은 종류의 장치들에는 변증법적 특징이 있다. 실제로 브레히트는 변증법적 사고를 이해하는 사람치고 유머 감각이 없는 사람은 한 번도 본 적이 없다고 말한 바 있다. 변증법적 사고는 재미를 조금도 위협하지 않는다. 브레히트는 "과학의 시대에 연극은"이라고 운을 떼운 다음 이렇게 문장을 이어갔다.

변증법을 쾌락의 원천으로 만들 수 있는 위치에 있다. 논리적으로 진행되거나, 갈지자로 나아가는 발전의 의외성, 모든 상황의 불안정성, 모순적인 농담, 기타 등등. 이 모든 것들은 사람과 사물, 과정의 생기를 즐기는 방식이고, 우리가 지닌 생生의 능력과 그 안에서 우리가 누리는 기쁨을 다 같이 고양한다.[54]

이는 생각을 진정한 감각적 쾌락으로 만들고자 했다는 극작가가 한 말이다. 최초의 위대한 브레히트 대변자였던 발터 벤야민은 "사고의 출발점으로 웃음만 한 게 없다"라고 했다. "보다 엄밀히 말하자면, 대체로 횡격막의 발작은 영혼의 발작보다 더 나은 사고의 기회를 제공한다."[55] 브레히트의 극작품은 극적 효과를 거둘 수 있게 해주는 메커니즘을 까발려서 사실주의적 환상의 마력을 깨트리기 때문에 관객들은 더 이상 그러한 환상을 유지하는 데 심리적 에너지를 쏟아부을 필요가 없어지고, 대신에 그 에너지를 비판적 판단에 쓸 수 있다. 이는 나름의 방식으로 웃음에 상응하는 구원이다.

바흐친과 마찬가지로 브레히트에게도 역사는 변하기 쉽고 성해진 답도 없다는 주장에는 본질적으로 희극적인 뭔가가 있다. 희극적 전도inversion의 궁극적인 기능은 정치적 혁명이다. 어제는 페인트공이었다가 오늘은 수상이 된 히틀러가 어쩌면 내일은 벙커에서 죽을지도 모르는 일련의 과정을 암시한다. 희극의 반대말은 운명이다. 이런 의미에서 보자면, 브레히트 희극의 미학은 우주적 관점에 따른 운명론과는 확실히 다르다. 물론 이 모든 주장은 독재가 불안정하듯이 정의나 동지애 역시 마찬가지라는 사실을 분명히 간과하고 있다. 그렇기는 해도, 개악改惡조차 개선改善의 여지를 환기한다는 것이 브레히트가 주장하는 바의 요지다. 마치 변증법이 역사의 역설적인 위트인 것처럼 말이다. 자본가 계급은 제 무덤을 파는 사람들이라는 마르크스주의의 주장에도 뭔가 어두운 희극성이 존재한다. 이 지구상의 가련하고 비참한 이들이 권력을 쥐게 되리라는 전망이 부조리한 유머를 내포하고 있는 것과 마찬가지다. 헤겔은 역사가 동기와 행위, 의도와 결과, 욕망과 만족 사이의 간극으로서 유사 희극적인 구조를 내보이는데, 바로 그런 역사야말로 인류 진보의 원동력인 것으로 드러난다고 봤다. 불일치—상황이 뒤틀리고, 제자리를 벗어나고, 맞지 않게 돌아간다는 사실—는 이러한 시각에서 보자면 정신이 펼쳐져서 드러남을 감당하는 것이다. 질리언 로즈Gillian Rose는 헤겔의 《정신현상학》과 관련하여 "간단없는 희극, 그에 따르면 우리의 목적과 결과는 서로 부단히 어우러지지 못하기에 또 다른 변경된 목표와 행동을 유발하고, 조화를 이루지 못하는 결과를 초래한다"라고 서술했다.[56] 역사의 심장부에는 불협화음이 존재하나, 그 불협화음이 없다면 역사의 수레바퀴는 멎고 말 것이다. 헤겔에서 희극성을 발견할 수 있는 능력자인 브레히트 같은 사람들은 짐작컨대 라신의 비극 《페드르》나 에우리피데스의 《메데이아》를 보고서도 깔깔대는 데 전혀 문제가 없을 거라고 덧붙여 말하는 사람도 있을 것이다.

위트가 꼭 웃길 필요가 없듯이, 희극 역시 그러하다는 점은 주목할 만하다. 《템페스트》에는 개그가 별로 나오지 않는다. 체호프는 희극적이기는 해도 웃기지는 않는다. 다만, 체호프가 소극과 유머러스한 저널리즘 작가로 경력을 쌓기 시작하기는 했다. 우리는 《십이야》에서 우스꽝스러운 말볼리오가 가터를 엑스자로 맬 때는 웃으면서도, 《한여름 밤의 꿈》에서 복잡하게 뒤얽힌 연인들의 엇갈림을 보고는 웃지 않는다. 원래 희극은 상황이 유쾌하게 뒤틀리다가 수습되는 서사다. 재앙이 곧 닥칠 듯하지만 의기양양하게 피해간다. 눈물은 반드시 거둬져야 한다는, 유아적이기는 해도 전적으로 온당한 우리의 요구는 '새 예루살렘New Jerusalem'이 실현되리라고 약속하는 복음처럼 허구의 형태로 충족된다. 자잘한 사고나 난처한 실수가 가득하지만 정해진 시간이 흐르고 약간의 마법이 더해지면 모든 게 해결되는 것이 희극이다. 존 로버츠John Roberts가 언급했듯이, 희극은 "진실의 회복과 재생을 조건으로 오인과 오류, 오해를 헤쳐 나가는 인간의 무한한 능력"을 입증한다.[57] 실제로 이러한 부단한 유예 및 일탈이 없다면 진실은 드러나지 못할 것이다. 헤겔의 시각에서 볼 때, 오류와 오인은 진실의 자기 노출에 내재해 있다. 쇠렌 키르케고르Søren Kierkegaard는《비과학적 후기 결론》에서 주장하기를, 비극은 해결 불가능한 모순을 중심 주제로 삼고, 희극은 해결 가능한 모순을 중심 주제로 삼는다고 했다. 그러나 이 가운데 그 어떤 것도 우리를 속수무책으로 포복절도하게 만들 필요는 없다. 윌리엄 위철리William Wycherley의 희극《시골아낙네The Country Wife》나 올리버 골드스미스Oliver Goldsmith의 희극《지는 것이 이기는 것She Stoops to Conquer》을 보면서 흥분을 눌러가며 무아지경이 되는 사람은 거의 없다.

산도르 페렌치는 우월 이론의 설득력을 인정하면서도, 희극은 결점·결함에 의한 연대의 한 형태로서 보다 본질적이라고 봤다. "'내가 어째서 그처럼 불완전하고자 하는가!' 이것이 바로 웃음의 본질이다. '내가 그처럼 불완전하지 않고 이토록 품행이 바르다니 이 얼마나 만족스러운가!' 이것이 바로 비웃음의 본질이다. (…) 모든 비웃음의 뒤에는 무의식적인 웃음이 숨겨져 있다."[58] 이러한 관점에 따르면, 다른 누군가에 대한 조소는 우리 역시 자신의 결함을 내보이는 자유를 만끽할 수 있다는 사실을 감추는 역할을 한다. 사회적 비난이나 질책을 그렇게 두려워하지만 않는다면, 본인의 우둔함을 마음껏 즐기고 허용하는 것이 통쾌하고 만족스러울 것이다. 그리하여 플라톤의 《국가》에서 그 자신이 일종의 철학적 어릿광대인 소크라테스는 우리가 내심 끼고 싶어 했을 엉뚱하고 익살스러운 행동에 탐닉하면서 구경거리로 삼을 만한 타인의 기이한 모습을 즐긴다고 지적했다. 사실 우리는 그런 사람들의 태평함에 분개하기도 한다. 그래서 부분적으로는 은밀한 라포르rapport, 교감 또는 신뢰감에도 불구하고 그들을 경멸하게 된다. 그렇기는 해도 우리는 광대를 조롱하는 바로 그 순간에 그를 동정한다. 어리석음을 내보이는 광대의 행동 덕분에 일종의 심리적 압박의 대리 이완을 경험할 수 있기 때문이다.

BBC 라디오의 초창기에 이런 일이 있었다. 한 제작자가 유명하지 않은, 어느 시골의 영국성공회 교구 목사에게 부활절 강연을 부탁하는 내용의 편지를 보냈다. 그 제작자는 강연료로 5파운드를 생각하고 있다고 덧붙였다. 목사는 강연을 하게 되면 더없이 기쁘겠다고 답장을 써 보내면서 자기 돈 5파운드를 동봉했다. 아래로 내려다보듯이 목사의 순진함에 미소를 짓는 사람들은 똑같은 이유로 그에게 연민을 느끼고 공감한다. 유쾌하게 인정받은 에고는 더 이상 자기 자신을 주장할 필요를 느끼지 않는다. 어쩌면 자신의 약점까지도 인정할 수 있다. "나는 유혹 말고는 뭐든지 이겨낼 수 있다"고 한 오스카 와일드의 말은 여느 도덕적 약점의 호기로운 과시와 마찬가지로 우리로 하여금 평소 자신의 단점을 감추기 위해 곧추세웠던 방어물을 잠시나마 내려놓을 수 있게 해준다. 우리를 미소 짓게 만드는 것은 다름 아닌 바로 그러한 정신적 이완이다. 그렇기는 해도, 우리는 자기 흠을 점잖게 감추지 않고 곪아터진 상처 마냥 대담하게 내보이는 이들을 조롱하는 동시에 그들을 보고 움찔하기도 한다. 그들을 단호하게 내치는 동시에 염려한다. 어쩌면 부끄러운 줄 모르는 뻔뻔한 자기과시의 어떤 독특한 전염성이 우리도 틈을 보이게끔 선동할 수 있다. 드라마 〈오피스The Office〉의 등장인물인 데이비드 브렌트의 우스꽝스러운 모습을 보고 당혹감에 움찔한다면, 이는 부분적으로 우리가 그보다 더 꼴사나울 정도로 유치한 자신의 충동을 두려워하는 탓이다. 그런데 그러한 욕망이 아주 버젓이 만천하에 공개되어 구경거리가 되는 것을 보고는 경악을 금치 못하면서도 은밀히 즐거워한다. 외려 브렌트가 엄청난 에고이즘을 통해 본인의 어리석음에 대한 자각으로부터 차단되는 과정을 남몰래 감탄하며 바라본다.

우월 이론은 우리가 타인의 결함이나 불완전함을 보고 웃는다는 점에서 맞는 얘기이기는 하나, 우리가 그저 그런 사람들에 대한 경멸을 즐기기 때문에 그러는 것이라고 상정한다는 점에서 틀린 주장이다. 그래도 상당수 유머가 모욕과 욕설을 동반한다는 것은 의심의 여지가 없다. 셰익스피어의 《십이야》는 말볼리오를 잔인하게 괴롭힘으로써 아슬아슬하게 축제 분위기로 나아간다. 샤일록에 대한 가학적인 학대 역시 마찬가지다. 여성을 조롱하는 농담도 그러하다. 우주를 창조하는 여신에 관한 다음의 비네트vignette가 바로 그런 예다. '어둠이 지구를 뒤덮었다. 신이 "빛이 있으라" 하니 빛이 나타났다. 그러자 신이 말했다. "어, 다시 어둠만 좀 볼 수 있을까?" 이런 농담에 대응하는 적절한 페미니즘적 응수는 이런 것이리라. "음경 끝에 매달린 쓸모없는 부분은 뭘까요?" "남자." 이와 유사하게 "비행기를 조종하는 흑인 남성을 뭐라고 부를까요?"라는 질문에도 강한 거부 의사를 전달하면서 대답할 수 있다. "뭐긴 뭐야, 파일럿이지. 이 인종차별주의자 새끼야!"

아일랜드인들은 예로부터 자기 나라를 까는 농담을 즐기기로 유명하다. 유대인들도 자신들에게 불리한 일화를 스스럼없이 이야기한다.

먹구름이 몰려오는 가운데 스위스의 어느 산골짜기에서

골드버그 씨가 조난을 당했다. 구조견들과 구급대원들, 전문 산악구조대로 구성된 적십자 팀이 그의 안위를 걱정하며 그를 찾아 나섰다. "골드버그 씨. 어디 계십니까? 적십자에서 나왔습니다!" 그들은 엷은 안개를 헤치면서 이렇게 소리쳤다. 그러자 저쪽 어딘가에서 희미한 외침이 들려왔다. "적십자 회비 벌써 냈어요!" 산에서 조난당했던 아까 그 골드버그 씨가 이번에는 다 큰 아들과 함께 강둑을 따라 거닐고 있었다. 그런데 그만 아들이 발을 헛디디는 바람에 미끄러지면서 강물에 빠지고 말았다. "도와주세요!" 골드버그 씨가 외쳤다. "내 아들이, 변호사가, 물에 빠져죽게 생겼어요!"

아니면 치매의 이점에 관한 개그를 떠올려보라. 치매에 걸리면 좋은 점은 첫째, 부활절 달걀을 숨기게 된다. 둘째, 이미 결혼했어도 매일 새로운 섹스 파트너가 생긴다. 셋째, 부활절 달걀을 숨기게 된다.

항의 행진 중인 연금 수급자들에 관한 만화도 있다. 그들은 이렇게 목소리를 드높인다. "우리가 뭘 바라겠나?" "우리가 뭘 바라겠나?" 이런 종류의 농담에 담긴 의도는 모욕적이기보다는 호의적인 것이다. 하지만 이 둘 사이를 구분 짓는 경계선이 항상 뚜렷하지는 않다. 그런 농담들은 즉각적으로 선을 긋는 진짜 공격성, 피해자가 유머 감각이 없는 사람이라는 인상을 주지 않으면서 항의하기가 불가능한 그런 공격성("그냥 농담이었어!")을 표출할 수도 있다. 타깃을 이런 식의 방어 불가능한 상황 안에 가둬버리는 것이 쾌감의 일부가 되기도 한다.

그루초 막스Groucho Marx가 남긴 불후의 명언인 "나 같은 사람을 들여보내는 클럽에는 가지 않을 것이다"처럼 자기 자신에 대해서 우월감을 느끼는 일도 가능하다. 토머스 홉스는 본인에 대한 조롱을 과거의 열등한 자아를 놀리는 행위로 봤지만, 그루초가 한 말은 홉스의 주장과는 결이 다르다.[59] 그루초의 농담은 그를 마구 띄움과 동시에 깔아뭉갠다. 고귀한 자아는 미천한 자아로부터 비참하게 제거된다. 나 같은 사람들과 어울리고 싶어 하지 않는 것은 나 같은 사람들에게 결여된 훌륭한 취향을 어느 정도 드러낸다. 이런 개그는 자기 폄하인데다 우월감도 미미하기에 한심하고 딱하다. 하지만 특히 그루초 같은 유대인들에게 자기 폄하는 어쩌면 생존 전략이었을지도 모른다. 즉 스스로 무가치하다고 선언하는 것은 죽일 가치조차 없는 존재라는 것을 확실히 보여주는 방편일 수도 있다. 살인자들은 오직 자기 자신을 우습게 보이도록 만들 뿐이다. 그리하여 누군가는 자기가 직접적으로 모욕을 당한 듯한 느낌에 사로잡히는 수준으로까지 내려가게 되고, 그로 인해 호의적인 마음을 가지고 유대인들이 그러한 치욕으로부터 구원되기를 바란다. 나를 보는 타인들의 모욕적인 관점을 받아들이고 그것을 스스로 보란 듯이 내보이면 그들을 무장 해제시키는 데 성공할 수 있다. 이런 의미에서 보자면, 자기 비하적인 유머는 어쩌면 굴종을 극복하기 위한 전략의 일환으로서 그 굴종을 표명하는 것인지도 모른다. 에고가 있는 힘껏 머리를 조아리고 몸을 낮추면, 인정사정없는 잔혹한 초자아의 질책으로부터 벗어날 수도 있다. 인간은 적어도 자기 자신을 희생하면서까지 모순적일 수 있을 정도의 통찰력과 투지를 지니고 있다. 한 인간의 범속함을 초월하는 것은 그러한 범속함을 고백할 수 있게 해주는 솔직함이다. 도둑이 제 발 저리는 법이다. 만약 우측통행을 하라고 하면 영국인들은 (짐작컨대, 이들의 정신이 혁명적인 것과는 거리가 멀다는 이야기와 동일한 맥락에서) 군말 없이 차츰 그렇게 할 거라는 말이 있듯이, 특히 영국인들이 자기 비하에는 도사들이다.

슬라보예 지젝Slavoj Žižek은 《분명 여기에 뼈 하나가 있다 Absolute Recoil》에서 희극이 보다 고매한 가식이나 허세의 실수를 유도하는 인간의 취약성과 유한성의 문제라는 일반론을 일축한 알렌카 주판치치의 주장을 옹호했다.[60] 일반적인 시각과는 달리 지젝과 주판치치가 보기에 희극 예술은 유한성이 아니라 특이한 종류의 불멸성, 즉 가장 파괴적인 재앙에도 살아남을 수 있는 만화 같은 능력을 내포한다. 아찔한 높이에서 떨어져도 옷에 묻은 흙먼지를 툭툭 털어내고는 벌떡 일어나서 추격을 재개하는 것이다. 그런데 희극에 대한 이러한 시각은 취약성-유한성 명제와 전적으로 불화하지는 않는다. 보다 명확하게 말하자면, 어릿광대의 미천한 신분과 거창한 관념론에 대한 그의 폭로가 그 광대에게 독특한 불멸성을 부여한다. 더 이상 떨어질 데가 없는 이들은 기이한 무적성無敵性을 만끽한다. 마치 강인한 정신력으로 무장한 상태에서 이뤄진 유한성에 대한 자각이 그 유한성을 넘어설 수 있게 해주는 지혜를 선사한 듯하다. 자신의 한계를 자각하면 그 한계를 초월하게 된다. 죽음을 측면 돌파할 수 있는 이들은 다름 아닌 눈에 잘 띄지 않는 평범한 사람들이다. 반면, 높은 자리의 힘 있는 자들은 무모하고 위험한 짓을 벌인다. 이러한 휴브리스hubris, 오만를 그리는 장르가 바로 비극이다. 무한정 살아남는 것은 순전히 무의미하다. 바흐친이 예로 든 카니발의 불멸하는 보통 사람들처럼 거기에는 온통 맹목적인 '죽음 충동'의 영속만이 존재할 뿐이다.

그런데 지금 우리가 이야기하고 있는 것은 정신의 불멸성이라기보다는 생물학적인 불멸성에 대한 것이다.《고도를 기다리며》를 다시 한 번 훑어보면 분명히 알 수 있다. 블라디미르와 에스트라곤은 목을 맬 수 없다. 죽은 모습을 상상하는 것은 상상도 못할 일일 테니. 그 두 사람에게는 그럴 만한 삶이 없다. 그들은 그저 존재의 소멸 같은 그런 형이상학적인 심오함에 미치지 못한다. 심지어 자기 자신을 처분하는 데 필요한 해법을 모으고 동원할 수조차 없다. 한 인간의 의지를 없애려면 피나는 의지력이 필요한 탓이다. 극 중에는 죽음이 전혀 등장하지 않는다. 아니, 실제로 베케트의 작품은 대부분 그러하다. 대신에 그저 지난하게 이어지는 물리적·도덕적 해체만이 존재한다. 너무나도 따분하고 눈에 띄지 않는 나머지 결론이라고 할 만한 최종적이고 확정적인 그 어떤 것도 경험할 수 없는 해체, 하도 미미해서 그 자체의 유한성을 추정할 수조차 없는 주제들이다. 엄밀히 말해서 이는 고전적인 비극의 주인공들과는 정반대다. 비극 속 영웅은 자신의 죽음과 패배를 자유자재로 활용함으로써 본인의 유한한 지위를 초월하고, 너덜너덜해진 시간으로 뭔가 영원하고 귀한 것을 직조해낸다. 이와는 대조적으로 희극의 등장인물은 무한한 생존이라는 의미에서 영원성이 아니라 불멸성을 달성한다. 그는 그저 계속해서 나아갈 뿐이다. 어떤 경우에는, 헤겔의 표현대로라면 그런 '나쁜' 무한성은 지옥도_{地獄圖}나 매한가지다.

우월 명제는 특정 부족사회에서 나타나는 소위 '농담 관계 joking relationships'라고 하는 것처럼 모욕이 우정의 한 형태일 수도 있다는 사실을 설명하지 못한다. 이 경우 모욕은 인간 적 유대의 탄탄함, 즉 독설을 잘 견뎌낼 수 있는 유대감을 드러내는 역할을 한다. 우월 명제는 누군가의 농담에 웃는 것과 그 상대를 향해 웃는 것 사이의 차이도 간과한다. 설사 농담 자체가 악의적이고, 진의를 충분히 의심할 만한 진술이라고 하더라도, 그런 농담을 한 코미디언과 우리의 관계에는 경멸이라는 검은 속내 이상의 것이 내포되어 있다. 우리는 그런 농담에 웃는다. 부분적으로는 우리가 어느 정도 마음이 통하는 소통의 공유를 즐기기 때문이다. 설령 그런 농담 자체가 언뜻 사람을 바보로 만들어버린다고 하더라도 말이다. 이런 관계를 수반하는 유머는 그저 우월하기만 할 수는 없다. 사실 이 같은 라포르(상호 신뢰 관계)가 언제나 쉽게 형성되지는 않는다. 밥 호프Bob Hope의 개그를 크게 오해하고 낄 낄대던 사람들이 많았지만, 그가 눈곱만큼도 재미있지 않다는 사실을 알아차린 지극히 너그러운 관객이 한 명쯤은 있었을 것이다. 그런 유머에 필요한 거라곤 말쑥한 차림새, 몸값 비싼 작가들 패거리가 전부다. 하지만 이런 얘기는 토니 행콕Tony Hancock이나 에릭 모어캠브Eric Morecambe, 프랭키 하워드Frankie Howerd의 경우에는 해당하지 않는다. 래리 데이비드Larry David나 에디 이저드Eddie Izzard, 리키 저베이스Ricky Gervais, 스티브 쿠건Steve Coogan 역시 마찬가지다. 이들이 발휘하는 유머의 원천은 농담도 농담이지만, 그들이 지닌 삶의 방식이나 관점, 괴짜의 개성이다. 데이비드나 저베이스, 쿠건 같은 코미디언들이 자기 자신을 조롱의 대상으로 삼을 때조차도 그들의 익살에서 느끼게 되는 재미는 언제나 부분적으로는 능숙한 연기를 향유하는 데 따르는 즐거움이고, 따라서 결코 단순한 폄하에 그치지 않는다는 사실 역시 주목할 만하다. "연극의 관객은 결코 단 한순간도 자신이 극장에 있다는 사실을 잊지 않는다"는 새뮤얼 존슨의 명언이 떠오르는 대목이다.

프랭키 하워드 같은 코미디언의 유머 가운데 일부는 메타비평meta-commentary에 의한 것이다. 그는 메타비평을 통해 줄곧 대본, 관객, 본인의 연기와 동료 배우들의 연기 등을 냉소적으로 언급한다. 그 덕분에 관객은 이 사람이 연기자가 아니라고, 그가 하는 말은 즉흥적인 것이지 대본에 쓰인 것이 아니라고, 다른 배우들과의 상호작용은 실제라고 상정하게끔 만드는 가작화make-believe 노력을 그만둘 수 있다. 존슨이 극장의 관객에 대해서 지적했듯이, 물론 우리는 극 중에 등장하는 그 어떤 것도 사실이 아니라는 것쯤은 분명히 알고 있다. 하지만 그럼에도 불구하고 픽션이나 드라마가 소기의 성과를 달성하려면 일시적인 진실의 억제가 필요하다. 그런데 그러한 억제 노력이 더 이상 필요치 않게 되면 거기에 쏟아부어야 할 에너지를 웃음으로 소비할 수 있다. 배우가 의도적으로 '연출된' 연기를 통해서 본인은 배우이지 실존하는 개인이 아니라는 점을 분명히 하는 브레히트의 '소외 효과' 역시 이런 식으로 에너지를 아낄 수 있게 해준다. 다만, 브레히드의 경우에는 웃음이 아니라 비판적 숙고의 과정으로 이어지는 에너지의 절약을 목표로 삼는다.

실제로 조롱하는 자들을 한방 먹일 때조차도 우리의 반응은 대체로 모호하다. 《조지프 앤드루스Joseph Andrews》 같은 작품에서 소설가 헨리 필딩은 덕의 실천을 특히 흥미롭게 봤다. 이 세상처럼 약육강식의 세계에서는 좋은 성품과 '호구'를 구별하기가 힘든 탓이다. 만약 고매한 자들이 모든 면에서 자신을 괴롭히는 타락에 대처하려면, 반드시 타락을 자각해야 한다. 그런데도 어째서 그들이 여전히 오점 하나 없는 인간일 수 있는가? 어찌됐든 그들의 순수함이 타인의 부정不正을 유발하는 데 일부 책임이 있는 것이 아닌가? 그래서 필딩의 소설들은 타락과 부패를 자행하는 자들을 꾸짖는 동시에 세상 물정 모르는 악의 희생자들에게도 풍자의 화살을 날린다. 그렇다고 그 희생자들의 결백을 높이 사지 않는다는 말은 아니다. 순진한 자들은 희극적일지언정, 비정한 자들에 비해 상당히 호감이 가는 존재일 뿐만 아니라 꽤 감동적이기도 하다. 우리는 속임수를 모르는 어수룩한 자들을 보고 미소 짓는다. 그들을 아래로 보기 때문이기도 하지만, 동시에 그들이 위협적인 존재가 되지 않으리라는 유쾌한 기분이 들면서, 아무리 터무니없고 비현실적으로 보이더라도 그들의 강직함에 마음이 끌리기 때문이다. 자크 라캉이 말하기를, 우리는 타인이 모자라는 한 그를 사랑한다. 그리고 그 타인이 단순히 나의 완벽함과 대조를 이뤄서가 아니라, 나의 결함을 구현하기 때문에 미소 짓는다. 조지 메러디스는 지나칠 정도로 너그러운 태도로 언급하고 넘어가기를, 희극은 경멸을 모른다고 했다. 그는 인간들을 조금이라도 사랑하는 일 없이 그들의 어리석음을 드러내 보이되, 아파하는 그들을 반정도는 어루만져 주어야 한다고 주장한다.[61]

우월 이론은 언어의 지위와 관련하여 매우 흥미로운 몇 가지 질문을 제기한다. 만약 농담이 신체적 공격 행동이라기보다는 언어의 형태라면, 이 점이 농담의 호전성을 완화할까, 강화할까? 코를 한 대 맞느니 모욕을 당하거나 욕을 먹는 게 더 나을까? 아니면 '막대기와 돌멩이는 내 뼈를 부술 테지만, 나를 진짜 다치게 하는 것은 말들이다'라는 오랜 속담의 교훈을 받아들여야 할까? 말은 입김 한 번 내뱉기보다 더 쉽게 경력이나 명성, 심지어 한 사람의 인생까지도 파괴할 수 있다. 악의 없고 정감 어린 가벼운 농담이나 놀림은 무해한 듯 보일 수 있으나, 극도로 불쾌한 모욕으로 뻗어나갈 수 있는 동일선상에 놓여 있다. 그런데 제노사이드를 저지르거나 수십만 명을 파산으로 내몬 자들에 대한 모욕도 어떤 형태로든 지나치게 비도덕적이고 극도로 나쁜 행위일까? 언어적 학살은 일부 동물들이 실제 전투를 피할 수 있게 해주는 의례적 행위와 유사한가, 아니면 잠재된 형태의 치명적 전투인가? 햄릿은 말들이라는 것을 한낱 무익하고 헛된 신호로 봤지만, 셰익스피어의 다른 연극들에서는 군주의 말이 목을 칠 수도 있다. 말은 한낱 숨에 불과한 동시에 숨을 끊어놓을 수도 있다. 어떻게 언어는 별것 아닌 신호인 동시에 물질적인 힘이 될 수 있는가?

이제부터 살펴보겠지만, 다행히 악의나 앙심보다는 훨씬 가치 있고 만족스러운 유머에 대한 설명들이 적지 않다.

3

———

부조화

 유 머 란 무 엇 인 가

지금껏 살펴본 것들 외에도 유머에 관한 이론들은 많다. 놀이 이론, 갈등 이론, 양가 이론, 기질 이론, 숙련 이론, 게슈탈트 이론, 피아제 이론, 구성 이론 등.[62] 그런데 이 이론들 가운데 몇 가지는 실상 '부조화 이론incongruity theory'을 설명하는 견해들이다. 여전히 부조화 이론은 우리가 왜 웃는지에 관한 그럴듯한 설명이 되어준다. 부조화 이론에 따르면, 유머는 불일치하는 측면들의 충돌—갑작스런 관점의 전환, 예상치 못한 의미의 어긋남, 두드러지는 불협화음 내지는 불일치, 익숙한 것들의 일시적 이화(낯설게 하기) 등—에서 나온다.[63] 일시적인 '의미의 탈선'으로서,[64] 질서 정연한 사고 과정의 붕괴 내지는 법이나 관습의 위반이 수반된다.[65] D. H. 먼로D. H. Munro의 말마따나, 평소 진행되던 사건의 순서가 파괴되는 것이다.[66] 철학자 토마스 나겔Thomas Nagel이 제시한 바 있는 부조리한 상황의 목록―기사 작위를 받고 있는데 바지가 흘러내리는 것, 녹음된 음성 메시지에다 대고 사랑을 고백하는 것, 악명 높은 범죄자가 자선단체의 대표가 되는 것 등―은 대체로 부조화의 사례들이다.[67] (어쩌면 불법적인 전쟁을 벌인 죄를 범하고도 노벨평화상을 받은 미국 국무장관을 나겔의 목록에 추가할 수 있을지도 모르겠다. 전형적인 '코미디 느와르'의 예다.) 심리학자들이 알려주는 바에 따르면, 2세 미만의 아동들은 불일치하는 광경에 웃는다.[68] 생후 몇 개월밖에 안 된 아기들도 재미있어 하는 '까꿍 놀이'는 최초로 겪게 되는 부조화 사건 가운데 하나다. 하나의 모습이 순식간에 다른 모습으로 대체되는 상황인 것이다. 아이들에게는 모든 희극적인 것에 대한 감각이 결여되어 있다고 프로이트는 주장했다. 그가 《농담과 무의식의 관계》라는, 재미없기로 유명한 작품의 저자(프로이트 본인)와 어린아이들을 혼동한 게 아닌가 싶다.

18세기의 시인 마크 에이큰사이드Mark Akenside는 〈상상의 즐거움The Pleasures of the Imagination〉이라는 시에서 이렇게 이야기했다.

조소의 힘이 어디에서나 드러난다네

눈이 기묘한 그녀의 얼굴, 어딘지 어울리지 않는 형태,

조합된 것들의 뭔가 완고한 불협화음이,

기민한 관찰자에게 와서 부딪친다네[69]

이 주제를 받아들인 이는 18세기의 학자 제임스 비티
James Beattie였다. 그는 《시와 음악에 대한 논고Essays on Poetry
and Music》에서 의외의 유사성에서도 유머가 발생할 수는 있
으나, 인간은 이질적인 부분들로 이뤄진 것이라면 뭐든지 보
고 웃는다고 주장했다. 비티는 유쾌하지 않은 형태의 부조
화도 있음을 인정했다. 뭔가 다른 감정(연민, 공포, 혐오, 감탄 따
위)이 부조화의 희극성을 능가하는 경우다. 게다가 부조화는
쉽사리 완화되거나 익숙해질 수 있는 탓에 더 이상 즐거움을
주지 못하기도 한다. 비티는 "관습이 우리로 하여금 받아들
이지 못하게 하는 부조화는 거의 없다"고 서술했다.[70] 더 나
아가 부조화라는 것은 문화적으로 가변적이기에 "지구상의
모든 사람들이 의복이나 예의범절의 세세한 부분들에서 서
로의 눈에는 우스꽝스럽게 보인다."[71] 비티는 우리가 도덕적
으로 못마땅하게 여기는 부조화에도 즐거움을 느낄 수 있다
고 주장했다. 정치적으로 올바르지는 않으나 실제로 상당히
웃긴 농담, 또는 기량은 뛰어나나 이념적으로 수상쩍은 뉘앙

스를 풍기는 예술 작품처럼 말이다.

칸트와 쇼펜하우어 두 사람 모두 웃음과 부조화를 연결지었다. 칸트는 상당히 진기한 방식으로 《판단력 비판》에서 '대상을 생각하는 데 있어서 처음의 관점에서 다른 관점으로 정신의 갑작스런 전환이 발생할 때 바로 그 지점에서 횡격막과 연결되어 있는 내장의 탄력적인 부분들의 긴장과 이완이 발생하는 과정이[72] 허파가 웃음이라는 형태로 공기를 내보내는 결과와 어떤 식으로 '상응할 수 있는지'에 대해서 서술했다. 부조화 이론과 방출 이론을 연결함으로써 육체적 움직임과 심리적 움직임을 직접적으로 결합한 것이다. 쇼펜하우어의 《의지와 표상으로서의 세계》에 따르면, 대상의 개념과 그 대상에 대한 감각지각 사이의 부조화에서 위태로운 불협화음이 발생한다. '인식론적 유머 이론'이라고 명명할 수도 있을 이 견해에 의하면, 우스꽝스럽다는 의식은 어떤 대상을 부적절한 개념, 혹은 어떤 관점에서는 적절하나 다른 관점에서는 그렇지 않은 개념에 포함시키는 데서 발생한다. 서로 다른 대상을 동일한 개념으로 묶음으로써 희극적인 효과를 달성할 수도 있다.

이 지점에서 우월성의 요소가 작용하는 측면도 있다. 쇼펜하우어는 신체적인 것, 본능적인 것, 지각적인 것, 자명한 것, 즉흥적인 것, 만족스러운 것을 포함하는 범주인 의지Will가 이성Reason 또는 이데아Idea와의 영속적인 싸움에서 헤어 나오지 못하고 고정되어 있다고 봤다. 유머는 이처럼 지각 경험의 복잡성에 대응하지 못하는 이성이 자신의 한계를 잠깐이나마 드러낼 때 나온다. 따라서 자신의 주인을 거꾸로 뒤집어버리는 어릿광대를 인식론적으로 해석하자면, 희극성은 관념적인 이데아에 대한 미천한 의지의 일시적 승리를 대변한다. 이를 프로이트의 용어로 바꾸면, 초자아에 대한 이드의 승리. 프로이트와 마찬가지로 쇼펜하우어가 보기에도, 만일 이것이 기분 좋은 승리라면 그것은 특히 이성이 감각적 쾌락을 검열하고 억압하기 때문이다. 따라서 '엄격하고, 집요하고, 귀찮고 성가신 가정교사인 이성'이 잠시나마 패배한 모습을 보는 것은 유쾌한 일이라고 쇼펜하우어는 말했다. 이런 의미에서 보자면, 모든 유머에는, 타인의 곤경을 즐기는 것이 아닌 유머의 경우에도 일말의 '샤덴프로이데'가 들어가 있다고 주장하는 사람도 있을 수 있다. 우리가 조롱하는 것은 고유하고 소중한 우리의 이성이다. 자신의 불편으로 즐거움을 내어주는 이는 다름 아닌 바로 자기 자신이다.

빅토리아 시대의 철학자 허버트 스펜서는 웃음의 생리에

관한 글에서 부조화 이론을 옹호했다. 다만, 앞서 우리는 그가 '방출 이론' 역시 지지했음을 살펴본 바 있다.[73] 찰스 다윈은 웃음이 '뭔가 불일치하거나 불가해한, 흥분하게 만드는 놀라움'[74]에 의해 유발된다고 주장하면서도, 일반적으로 깔깔대는 웃음에는 얼마간 우월감의 요소도 들어가 있다고 파악했다. 즉 수많은 사상가들과 다를 바 없이 다윈 역시 유머에 관한 서로 다른 두 가지 가설을 연결 지었다. 프로이트도 마찬가지였다. 다만, 프로이트의 경우에는 방출 이론과 부조화 이론을 논의의 대상으로 삼았다. 프로이트의 관점에서 볼 때 유머가 어떤 식으로 억압의 해제를 동반하는지에 대해서는 앞에서 이미 살펴봤다. 그런데 프로이트는 유머를 양립 불가능한 특질들의 결합과 결부 짓기도 했다. 가령, 운율rhyme은 서로 다른 단어들을 음성적으로 연결하는데, 프로이트의 관점에서 보면 이것이 바로 일종의 위트다.

랠프 월도 에머슨Ralph Waldo Emerson은 〈익살The Comic〉이라는 제목의 글에서 본질적으로 점강법 형식의 유머를 관념적인 것과 실제적인 것 내지는 구상과 실행 간의 충돌로 봤다. 유머에는 불일치의 지각이 수반된다고 에머슨은 주장한다. 로버트 L. 라타Robert L. Latta는 유머를 정신의 이완 및 그로 인한 웃음의 생성을 수반하는 일련의 신속한 인지 전환에서 기인하는 것이라고 여겼다. 다만, 그와 같은 전환에는 부조화가 수반될 필요가 없다고 주장함으로써 표준적인 부조화 이론과는 선을 그었다.[75] 그레이그J. Y. T. Greig는 말하자면 즐거움과 괴로움 간의 갑작스런 진동, 또는 상이한 관념이나 정서에서 웃음이 나온다고 봤다.[76] 이와 유사한 방식으로 아서 쾨슬러Arthur Koestler는《창조 행위The Act of Creation》에서 유머를 양립 불가능한 준거틀의 갈등과 충돌에서 나오는 것으로 취급했다.[77] 반면, 존 모리얼John Morreall은 유머를 감각이나 개념, 지각, 정서의 급작스러운 전환에 좌우되는 것으로 봤다.[78] 알렌카 주판치치는《내부의 별종The Odd One In》에서 상호 배타적인 해석들 사이에서 방향을 트는 식의, 한데 묶이기를 거부하는 세계에 대한 다양한 설명 방식에서 희극의 주된 원천을 발견한다. 주판치치의 견해에 따르면, 인간 조건에는 일종의 균열, 수수께끼, 모순이 존재하는데, 바로 여기에서 웃음이 나올 수 있다. 조너선 스위프트가 실례實例다. 스위프트의 동료였던 알렉산더 포프Alexander Pope가 말하기를, 인간성은 영광이자 농담, 수수께끼인데, 엄밀히 말해 그것이 농담인 이유는 그것이 수수께끼이기 때문이다.

희극적 부조화는 그 역사가 길다.《창세기》를 보자. 아브라함은 비록 그가 고령이기는 하나 아들을 얻을 것이라는 하느님의 말씀에 웃는다. 그렇게 해서 태어난 아들의 이름 이삭 Isaac은 '웃는 자'라는 뜻이다. 마치 그 아이 스스로 자기 존재의 완전한 불가능성을 재미있어 하는 듯하다. 아브라함의 늙은 아내 사라는 노령에도 임신할 수 있다는 이야기에 똑같이 기뻐한다. 하지만 이렇듯 존엄한 성경의 뒷받침에도 불구하고, 부조화 이론에 문제가 없지는 않다. 다양한 범주의 사상가들이 부조화라고 해서 결코 다 재미있지는 않다는 사실을 지적했는데, 빅토리아 시대의 작가 알렉산더 베인도 그중 한 사람이었다. 베인은 말 그대로 '5월의 눈Snow in May'을 한 가지 예로 들었다. 이 말을 좀 더 희극적으로 표현하면 '법을 무시하는 군중'인데, 베인이 보기에 이는 낄낄대기에 직질한 경우가 전혀 아니었다.[79] 마이클 클라크Michael Clark는 희극성이 발견되는 부조화는 어떤 숨은 동기나 속셈이 있어서라기보다는 그 자체로 즐거움을 느끼게 되는 부조화라고 주장함으로써 이 문제를 해결하고자 했다.[80] 이를 테면, 초현실주의는 웃기지 않은데, 부조리나 모순을 목적 그 자체로 한껏 즐기기보다는 상대방을 당황스럽게 만들고 혼란스럽게 하려는 의도로 고안된 것이기 때문이다. 그래도 '5월의 눈'이라는 관념을 유머로 바꾸는 일 없이, 그것이 의미하는 바가 뭐든 간에 목적 그 자체로 대하는 사람도 있을 수는 있다. (어떤 경우가 됐건, 베인이 책을 출간한 1875년 당시에 비해 어째서 오늘날에는 그 부조리성이 상당히 덜한지와 관련해서는 크게 놀라울 것 없는 여러 생태학적 이유들이 존재한다. 어떤 시점이나 장소에서 불협화음을 내는 것이 다른 시점이나 장소에서도 그러리라는 법은 없다.) 클라크는 부조화가 유머의 필요조건이기는 하나 충분조건은 아니라고 주장했다. 하지만 클라크의 이런 주장에는 확실히 미심쩍은 부분이 있다. 부조화가 유머의 필요조건도 충분조건도 아닌 것처럼 보일 수도 있다. 부조화가 그다지 뚜렷하게 드러나지 않는 유머가 존재하므로 필요조건이 아니고, 부조화가 발생했다고 해서 모두 다 웃음을 유발하는 것도 아니기에 충분조건도 아니다. 부조화 중에서도 어떤 유형들은 두렵거나 혐오감을 주거나 불쾌하거나 순전히 웃기지 않다. 별안간 불쑥 머리 하나가 더 나오는 것이 가족이나 친구들의 폭소를 유발할 개연성은 낮다.

부조화 이론의 또 다른 문제는 부조화라는 개념 자체의 탄력성이다. 즉 약간의 기발함이나 독창성만 있으면 여러 상황이나 조건을 다 아우를 수 있다. '부조화'가 수용력이 대단히 큰 개념인지, 다시 말해 모든 유용성을 넘어서 아주 수월하게 확장될 수 있는 개념인지 여부에 대한 판단은 독자의 몫이다. 율법이 새겨진 석판을 옆구리에 끼고서 시나이산에서 내려온 모세의 이야기를 살짝 재미있게 각색한 유머를 예로 들어보자. 모여든 이스라엘 민족에게 모세는 이렇게 외친다. "나는 율법을 10가지로 줄인 십계명을 받았다. 그런데 간음은 안 빠졌다!" 이 이야기에서 희극적 낙차가 발생하는 핵심은 불만 가득한 '평조합원들'을 대신하여 대표로 전지전능한 하느님과 협상을 벌인 '노동조합 간부' 모세라는 개념이다. 최근 영국 해군의 발표에서 드러난 부조화는 이것과는 다른 유형의 불일치다. 해군은 기존의 침상 시스템과는 달리 새로운 전함에는 개별 침대 및 선실을 배치했다면서, 그 배가 모든 선원들이 각자 자기 침대에서 취침하는 유일한 선박이라고 자랑스레 선언했다. 자신들의 현대성과 첨단성을 알림으로써 해군은 군대 내에 동성 간의 난잡한 성행위가 만연해 있다는 사실을 넌지시 알려주는 데 성공한 것이다.

이런 유형의 부조화는 어떤 사람이 하는 말과 그 말의 진의 사이에 발생하는 간극에서 온다. 오래전에 돌아다녔던 '자본주의는 인간에 의한 인간의 착취이고, 공산주의는 그 역逆일 뿐이다'라는 식의 반反소비에트 농담도 마찬가지다.

두 경우 모두 공식적인 의미가 그것과 희극적으로 불화하는 비공식적인 의미를 표출한다. 옛 공산주의 세계에서 나온, 역시 부조화를 내포한 또 다른 블랙 유머의 중심 주제는 소비에트 연방과 당시 유고슬라비아에서 시행되었던 약간 더 관대한 형태의 스탈린주의 간의 대비다. "소련에서 인민들은 걸어 다니고 당 간부들은 차를 몰고 다닌다. 반면 유고슬라비아에서는 인민들이 직접 차를 운전한다. 선출된 대표들을 태우고."

"이제 자위 좀 그만하세요." 의사가 환자에게 말했다. "왜요?" 환자가 물었다. 의사는 짜증 섞인 목소리로 이렇게 대답했다. "진찰해야 하니까요." 이 이야기 역시 부조화의 관념에 기대고 있다. 우리는 느닷없이 하나의 준거틀(평소 자위를 하는 것)에서 또 다른 준거틀(지금 여기서 자위를 하는 것)로 순식간에 옮겨간다. "어째서 독점 위원회를 독점하나요?"는 누가 봐도 명백하게 자기모순을 활용한 농담이다. 제2차 세계대전 당시 한 영국 육군 장교의 일화도 예로 들어볼 수 있다. 그 장교는 구르카족현재의 네팔왕국인 구르카왕족을 세운 부족 중사에게 1,000피트 상공에 떠 있는 항공기에서 뛰어내리라고 그의 부하들에게 지시할 것을 요청했다. 구르카족 중사는 부하들과 상의한 뒤 그 장교를 다시 찾아가서는 자신들은 그 낙하

작전이 너무 위험하다고 판단했다는 이야기를 전했다. 그러면서, 대신에 500피트 상공에서는 얼마든지 뛰어내릴 준비가 되어 있다고 덧붙였다. 용맹하기로 유명한 종족의 대담성 부족에 크게 실망한 장교는 구르카족 중사에게 경고하기를, 500피트 상공에서는 낙하산을 펼칠 시간이 없을 거라고 했다. 그러자 구르카족 중사는 이렇게 반문했다. "아, 그러니까 저희한테 낙하산이 있다는 말씀이시군요?" 이 이야기에서는 생존이 불가능한 어떤 높이(1,000피트)에서는 안 된다고 하면서, 생존이 불가능하기는 마찬가지인 다른 높이(500피트)에서는 언제든지 제 몸을 내던질 수 있다는 구르카족의 별난 마음가짐, 그리고 낙하산의 유무와 관련한 가정의 충돌 때문에 주로 부조화가 발생한다.

모스크바의 어느 미술관을 찾은 한 방문객의 이야기에도 이와 유사한 준거틀의 괴리가 존재한다. 가이드의 안내에 따라 미술관을 둘러보던 그 방문객은 〈상트페테르부르크의 레닌〉이라는 제목의 그림 앞에서 잠시 걸음을 멈췄다. 작품을 좀 더 자세히 들여다본 그는 모스크바에 있는 어느 침실에서 젊고 잘생긴 소련공산당 중앙위원회 위원과 함께 침대에 누워 있는 레닌의 아내 크룹스카야의 모습만 묘사되어 있다는 사실을 알게 됐다. "그런데 레닌은 어디 있죠?" 영문을 모르겠다는 듯 그 방문객이 질문을 던지자 안내인은 이렇게 답했다. "그야 물론 상트페테르부르크에 있죠." 〈상트페테르부르크의 레닌〉이라는 그림의 제목은 그 장면 자체가 아니라 그 장면이 그렇게 묘사된 이유들 가운데 한 가지를 암시한다는 사실을 깨닫는 순간, 그림의 제목은 그 그림이 보여주고자 하는 바를 설명하는 것이리라는 우리의 예상은 느닷없이 수정되어야만 한다. 아래의 짧은 대화를 보자.

> A: 타이타닉 호를 다룬 그 영화 보러 가려고.
>
> B: 아, 그 영화 진짜 대단해. 특히 배가 가라앉는 마지막 부분.
>
> A: (빈정대며) 보기도 전에 결말을 알게 해줘서 참 고~맙다!

이 이야기에서 나타나는 부조화는 분명하다. 타이타닉 호를 아는 사람 중에서 그 배와 관련하여 가장 중요하고도 핵심적인 단 한 가지 사실을 모르는 사람이 어디 있겠는가? 어쩌면 우리는 웃음을 자아내는 무지한 친구의 분노와 더불어, 부지불식간에 영화의 줄거리를 발설하고만 두 번째 화자(B)가 당황하고 쩔쩔매는 모습을 보면서 약하게나마 가학적인 전율을 느낄지도 모른다. 창피함과 (적어도 타인의) 무안함은 즐거움과 괴로움을 뒤섞는다. 우발적으로 드러나는 타이타닉 호에 대한 무지는 단순히 농담으로만 그치지 않는다. 내 친구 중에는 예전에 벨파스트의 타이타닉 박물관에서 가이드로 일했던 여성이 있는데, 영화 한 편 때문에 박물관이 만들어져야 하는 이유를 도저히 납득하지 못하겠다면서 당혹스러워하는 미국인들이 한둘이 아니었다고 한다.

의미의 급변, 관점의 전환, 기대의 급정지는 순전히 언어적 차원에서 발생할 수 있다.

예를 들어 '"오늘은 오랜만에 공작께서 오시는 'come'에는 오르가즘에 이른다는 뜻도 있음 날이지." 공작부인이 다른 손으로 차를 휘저으며 말했다'에서 뒷문장은 갑작스럽게 앞문장의 의미를 수정할 수밖에 없도록 만든다.

'처음 며칠이 제일 딱딱했어요, 라고 나체촌을 방문했던 10대 소년이 말했다'라는 문장 역시 마찬가지다.

"마르크스 읽어 봤어요.'read Marx'와 'red marks'의 동음성 이용?" "내가 앉아 있는 곳에서만요." 역시 그런 예다. 요란하게 핼러윈을 즐기는 사람들(reveller)은 사과를 건지려고 물속에 머리를 처박는다는 얘기를 듣고서 도러시 파커Dorothy Parker

124

가 한 말—"자음 하나만 빠지면(reveler, 난봉꾼) 내 얘기가 된다."—은 자의식의 차원으로까지 올라간다. 맥스 이스트먼 Max Eastman은 이를 두고 "의미를 내밀었다가는 이내 낚아채가는 것"이라고 표현하기도 했다.[81] 이 지점에서 부조화는 말장난이나 중의성과 융합되기 시작한다. 반어법과 마찬가지로 중의성도 둘로 갈라지는 의미가 '이질성-동질성'의 이법理法에 따라 충돌하므로, 그 자체가 부조화의 한 형태로 자리매김할 수 있다.

희극이라는 생명체 가운데 최하등 생물인 말장난 역시 마찬가지다.

A guy drowned in a bowl of muesli(한 사내가 뮤즐리가 담긴 그릇에 빠져 죽었다).

A strong currant pulled him in(그는 강력한 건포도에 휩쓸렸다).

※ 'strong currant'가 'strong current(거센 해류)'와 동일한 발음이라는 점에 착안한 말장난

이처럼 억지로 짜 맞춘 듯한 아주 낮은 수준의 장치만으로도 정신은 잠시나마 자유로이 움직일 수 있게 된다. 칸트의

예술론에서 볼 수 있는 바와 같이 의미의 우연한 일치, 두 용어가 하나가 되거나 하나의 용어가 둘이 되는 수수께끼, 갑작스런 감각의 변화가 가져다줄 수 있는 여유 공간 및 확장의 느낌을 즐기는 것이다. 우리는 엄격한 인지 활동에서 벗어나 인과 논리나 비모순율의 껍데기를 벗고, 황당무계하거나 그 자체로 양립 불가능한 것들을 만끽하는 상태로 옮겨간다. 모든 것은 다른 어떤 것도 아닌 바로 그 자체라는 공리에 더 이상 얽매이지 않는다. 그리고 이러한 제약의 해제가 웃음이라는 형태로 나타날 수 있다. 에고가 통일성, 동질성, 일의성에 몰두한다면, 이드는 조각, 난센스, 부분 대상, 다양성, 비동질성을 좋아한다. 에고의 관점에서 보자면 분명 하나같이 이상하거나 터무니없게 보이는 것들이다. 그런데 농담은 에고가 잠깐이나마 이런 이상하고 기이한 요소에 살짝 발을 담글 때 발생한다. 즉 다른 가능성들을 멀리 밀쳐냄으로써 정신이 계속 초점을 맞추게 하는 현실원칙의 특성 안에 있으면서, 동시에 다른 가능성들이 떼 지어 우르르 몰려들 수 있게 해주는 유머의 특성 안에도 존재하는 상태다.

때로는 말 한마디에서 발생하기도 하는 기대의 붕괴는 익숙한 부조화의 형태다. 가령, 오스카 와일드가 한 "과도함만

큼 성공적인 것은 없다" 같은 말이나, "나는 오해받지 않을까
봐 줄곧 두려워하고 있다" 같은 불평처럼 말이다. "요즘 젊은
이들은 염색머리를 전혀 존경하지 않는다"라는 말은 단 한
마디의 형용어구에서 곧장 판가름이 나는 날카로운 와일드
식 풍자의 또 다른 예다. 어떤 것을 이야기하는데 그것이 어
머니를 의미하는 경우라면 그것은 프로이트 식 낙차다. '세
기말적' 시인 어니스트 다우슨Ernest Dowson은 독한 술의 일
종인 압생트가 창부에 대한 애정을 더욱 애틋하게 만든다고
공언하기도 했다. 술 좋아하기로 유명했던 극작가 브렌던 비
언Brendan Behan은 본인을 가리켜 '글 쓰는 문제가 있는 술꾼'
이라고 표현했다. 이 예시들은 하나같이 어떤 단어나 문구
의 의미가 우리가 예상하고 있는 의미에서 희극적으로 살짝
비틀려 있다. 의미의 반전으로 인한 긴장 상태에서도 종래
의 관습적 의미를 어쩔 수 없이 붙들고 있어야 하기에, 언어
는 원래의 자리에서 들락거리게 된다. "대서양 횡단은 너무
나도 힘들어서, 내 속을 달랠 수 있었던 거라곤 오로지 '퍼스
트 메이트First Mate, 원래 뜻은 '일등항해사'뿐이었다"라는 도러시
파커의 농담은 여기에 딱 들어맞는 예다. 이따금 공공 쓰레
기통에 'Refuse To Be Put In This Basket(쓰레기는 여기에 버리
시오)'라는 안내문이 붙어 있는 것을 보곤 했을 것이다. 이 문

장은 'Refuse'라는 단어의 어느 음절에 강세를 두느냐에 따라 의미가 달라진다. ('Refuse'는 1음절에 강세가 올 경우 '쓰레기'라는 뜻이지만, 2음절에 강세가 올 경우에는 '거부하다'라는 뜻이다.) 누군가가 몸소 쓰레기통에 처박히는 일이 없도록 진지하게 훈계하는 부조리한 상황과 더불어, 어렴풋이 겁을 주는 기운을 풍기는 공문이 일시적으로 권위를 상실하고 바보스럽게 보이도록 만든 그 방식에 우리는 웃음 짓는다. 따라서 부조화와 우월감은 서로 통한다. 그런데 불일치가 곧 부조화는 아니라고 주장하는 사람도 있을 수 있다. 후자(부조화)는 부적절함, 양립 불가능함, 어긋남의 문제인데, 모든 불일치가 그럴 필요는 없기 때문이다.

개별 단어와 관련한 부조화라고 하면, 병원에 가서 거세해달라고 요구한 남자의 이야기가 떠오른다. 그 남자가 비뚤어진 욕망을 버리도록 설득하는 데 결국 실패한 의료진은 마침내 그의 소망에 굴복했고, 기나긴 외과수술을 통해 그의 고환을 제거했다. 다시 원래 있던 병동으로 돌아간 그 남자는 마취에서 깨어나자마자 바로 옆 침대를 쓰고 있던 다른 환자에게 무슨 수술을 기다리는 중인지 물어봤다. "포경수술이요"라고 옆에 있던 환자가 대답했다. "내가 말하려던 게 바로 '그거'였는데!" 방금 전에 고환 제거 수술을 받은 남자는 자기 이마를 철썩 때리면서 비통하게 외쳤다. 분명 여성보다는 인간 종의 수컷들에게 크나큰 당혹감을 안겨줄 게 뻔한 이 농담은 무엇보다도 특히 불균형이 어째서 부조화의 일종인지 여실히 보여준다.

아리스토텔레스는 《수사학》에서 유머가 언어적 기대의 배반에서 나온다고 말했다. 키케로는 웅변술에 관한 논고에서 말하기를, 가장 일반적이고 흔한 형태의 농담은 어떤 것이 예상되는데 다른 것이 튀어나올 때라고 했다. 다름 아닌 바로 이런 식의 사소한 논리의 파열을 통해서 웃음이 솟아날 수 있다. 아주 사소한 구두점의 변화가 의도된 의미의 방향을 희극적으로 바꿔놓을 수도 있다. 심지어 어조의 변화도 돌연한 관점의 전환을 암시할 수 있다. 이중 부정은 긍정이 되지만 그 역은 성립하지 않는다는 사실을 상기하면서, 지칠 대로 지친 심드렁한 톤으로 "예, 예"라고 답하는 남자의 이야기가 바로 그런 경우다. 우디 앨런의 유머 가운데 상당수도 전적으로 부조화에 의한 것이다.

"미지의 세계가 존재한다는 사실 자체는 의문의 여지가 없다. 문제는, 그 세계가 미드타운에서 얼마나 멀리 있는가, 그리고 얼마나 늦게까지 열려 있는가 하는 점이다."

"나는 내 작품을 통해서 불멸을 얻고 싶지 않다. 내 아파트
에 죽치고 있으면서 이루고 싶다."

"주말에 배관공 구하기는 하느님 찾기보다 더 어렵다."

사뮈엘 베케트는 《말론 죽다Malone Dies》에서 '(예수와 함께
십자가에 매달렸던) 도둑들 중에 한 명은 구원받았다. 썩 괜찮
은 비율이다'라고 썼다. 이 문장은 어둡지만 희극적이다. 신
학 담론이 회계 용어와 바짝 붙어 있는 탓이다. 즉 신학 담론
의 경건함이 회계 용어의 불경함으로 인해 그 기세가 꺾이고
만다. 이런 의미에서 점강법이나 폭로(까발리기)는 위아래, 존
비귀천이 괴리된 상대에서 한데 엮이기 때문에 부조화의 한
형태다. 그런데 일탈 역시 부조화의 한 유형으로 자리매김할
수 있다. 규범을 어기는 데서 발생하는 긴장과 대면하는 과
정에서 규범을 환기하기 때문이다. 실제로 '유머humour'라는
말은 원래 기질이 규범에서 어긋나는 사람을 뜻한다. 어쩌면
인간이 기형을 보고 웃는 이유는 우월감 때문만이 아니라,
아니 결코 우월감 때문이 아니라 부조화성 때문일지도 모른
다. 우리가 별종이나 기인을 보고 웃는 이유는 그들이 정형
화된 기대를 무너뜨리기 때문이다. 앙리 베르그송은 우월 이

론과 부조화 이론을 결합하여 이 같은 일탈을 칭송받을 일이라기보다는 바로 잡힐 일이라고 봤다. 베르그송의 견해를 따르자면, 유머가 뜨끔한 맛을 보여주려고 하는 사회의 경직성도 일종의 부조화로 간주될 수 있다. 지배적인 관습에 부합하지 않는다는 뜻이기 때문이다. 이와 대조적으로 베르그송이 주창한 '유기체론적 이데올로기'는 분열되고 충돌하는 것들을 하나로 결합하는 데 초점을 맞춘다.

편집광은 그와 같은 경직성의 일종이다. 쇼펜하우어의 끝모를 우울은 왜 그다지도 웃긴가? 그의 세계관에 재미있는 부분이 손톱만큼도 없어서가 아니다. 타협이나 양보를 일절 거부하고, 본인이 고수하는 명제를 가장 믿기 어려운 주장으로까지 외고집으로 확장하려고 시도하면서, 시종일관 그 하나의 명제에 매달리는 행태가 자기 자신이 아니라면 그 어떤 존재도 되기를 완강히 거부하는 별종과 개념적으로 별반 다르지 않은 탓이다. 과도한 일관성은 정언적 카오스만큼이나 건전한 현실감각을 파괴할 수 있다. 《트리스트럼 샌디》에서 본인의 경험을 통합하지 못하는 트리스트럼은 병적일 정도로 체계를 구축하는 데 집착하는 아버지 월터의 뒤집힌 거울상에 불과하다.

이중화와 반복도 부조화일 수 있다. 아무나 흉내 낼 수 없는 독특한 것이리라고 기대하는 특정 현상—예를 들면, 인간이라는 존재—이 있는데, 그것이 그렇지 않은 것으로 드러날 때 우리의 기대가 어긋나게 된다. 앞서 살펴봤던 울고 있는 비서 둘은 여기에 딱 들어맞는 예다. 어떤 작곡가 이름의 정확한 발음이 슈'베르트'인지 슈'만'인지 유명한 음악학자에게 물어봤다는 남자의 이야기도 둘로 보이는 것이 실은 하나라는 것을 보여주는 사례다. 어쩌면 둘이 하나two-in-one인 수수께끼도 마찬가지로 엄격하게 분리된 동질성을 구별 짓는 경미한 억압 논리를 해제함으로써 웃음을 유발한다고 주장할 수도 있다. 우리는 뛰어난 모사impersonation에 웃음을 터뜨림으로써 심리적 소모를 줄일 수 있다. 상당히 다른 두 가지 현상이 관심을 끌 경우에는 불가능한 일이다.

베르그송이 보기에 반복은 기계화 장치, 즉 약간 난치성이 있는 장치다. 창의적으로 행동하는 대신에, 특정 유형의 신경증과 마찬가지로 맹목적으로 어떤 행위를 반복한다. 편집광이 희극적이라는 점에서 반복 역시 희극적이다. 흉내나 모사, 모방이 웃기는 이유 가운데 하나는 그것이 실제로는 뚜렷이 구별되는 별개의 사항들 간의 동질성을 암시하는 일종의 반복이기 때문이다. 그런데 우리는 마임이나 패러디, 아이러니한 반전을 가능케 하는 기술에도 웃음 짓는다. 이러한 기술은 쾌락의 다른 원천이다. 우리는 뭐든 솜씨 좋게 이뤄낸 것을 보면 가벼운 득의를 느끼게 되는데, 이런 여러 가지 것들이 뒤섞이면서 희극적 효과를 자아낸다. 게다가 능수능란한 연기나 공연은 그것을 인식하고 평가하는 데 들이는 수고나 노력을 아낄 수 있게끔 해준다. 인내를 요하는 지루하고 어려운 연기나 공연에서는 불가능한 일이다. 모사의 경우에는 약간 공격적인 요소가 작용할 가능성도 있다. "있잖아, 나도 딱 너만큼―어쩌면 너보다 훨씬 더 잘―될 수 있어. 어쨌든 넌 그렇게 특별하지 않아."

이중화에는 (가끔은 약간 괴상한 동시에) 뭔가 희극적인 것이 있다고 했는데, 독특한 것들sui generis도 역시 마찬가지다. 실제로 '특이하다'는 말은 '독특하다, 특별하다'는 뜻이기도 하지만, 동시에 '기이하다, 별나다, 색다르다'는 의미를 가지기도 한다. 구분 지으려는 우리의 욕구는 대상의 그로테스크한 미스 매칭에 의해 꺾일 수 있다. 그런데 이러한 욕구는 범주화되기를 거부하고, 디킨스의 작품에 등장하는 몇몇 별난 인물들처럼 오롯이 그 자체가 수수께끼인 존재들에 의해서도 좌절된다. 완벽한 동질성에는 뭔가 수수께끼 같은 불가사의한 것이, 심지어 사람을 무력하게 만들어버리는 뭔가가 존재한다. '유머'는 원래 이처럼 특이한 유형들을 지칭하는 단어로서, 나중에 살펴보겠지만, 지금껏 영국 문화에서 빛나는 역할을 수행해왔다. 누군가에게 '유머를 한다'는 것은 그 사람의 기분, 변덕, 기벽, 결점을 다 받아주고 맞춰준다는 뜻으로, 도덕적으로 훌륭하다고 볼 만한 행위다. 만약 인간이 그렇게 무력하지도, 어리석지도 않다면, 애당초 그런 식으로 오냐오냐 응석을 다 받아줄 필요도 없었을 것이다. 이런 의미에서 보자면, 유머는 칭찬받을 만한 훌륭한 인간성의 본보기인 동시에 인간성에 대한 폄하이기도 하다.

부조화의 또 다른 유형으로는 '낯설게 하기defamiliarization'가 있다. 이를 통해 통상적인 의미와 우회적인 해석 간에 긴장이 유지된다. 아일랜드 출신 작가 플랜 오브라이언의 '진부한 교리문답Catechism of Cliché'은 그런 예시들이 넘쳐나는 보물 창고나 다름없다.

Q) 배급되지 않는 저렴한 물품이지만, 가치로 따지자면 대개 그것을 소유한 사람을 능가한다고들 하는 것은?

A) 소금.

　　※'밥값을 못하다, 쓸모없다be not worth one's salt'에서 착안한 표현

Q) 어떤 사람이 이따금 의지하곤 하는 것은?

A) 의심의 여지가 없는 가장 확실한 권위.

　※ '믿을 만한 소식통으로부터 듣다have something on good authority'
　에서 착안한 표현

Q) 스위스에서 제조한 물품으로, 심기증 환자나 편집증
　환자 같은 이들이 줄곧 찾게 되는 것은?

A) 시계.

Q) 모든 사실들이 들어가야만 하는 것은?

A) 숙고

　※ '고려하다, 참작하다take into consideration'에서 착안한 표현

Q) 문제가 되는 돈이 어마어마하게 많을 때 그 돈을 세는
　방법은?

A) 소각 가능한 남는 돈과 비교해본다.

Q) 어느 모로 보나 나무랄 데가 없는 사람은?

A) 바로 옆 사람.

Q) 대체로 아직 거기 있다고들 하지만 완벽하게 존재하지 않는 것은?

A) 아직 할 얘기가 남아 있다고 그냥 하는 말.

Q) 모임이 뿔뿔이 흩어지는 방향은?

A) 위쪽.

※ '모임이 끝나다the meeting break up'에서 착안한 표현

Q) 폭이 좁고 기다란 천을 갖고 있는 사람에게 하는 행동은?

A) 끈을 묶게 한다.

Q) 칼리지그린의 올드하우스 위로 국기가 휘날리는 광경을 볼 때 전해지는 뜨거운 열기는 눈에 보이지 않는 심장의 조개를 어떻게 만들까?

A) 심장의 꼬막을 따끈하게 데운다.[82]

※ '~의 기분을 북돋다, ~의 마음을 따뜻하게 하여 행복하게 하다 warm the cockles of one's heart'에서 착안한 표현

집 안에서 하는 안전한 게임은 가족만의 고유한 예시들을

만들어내기도 한다.

Q) 굴하지 않고 반드시 견뎌내야 하는 서로 대비되는 일 관성은?

A) 굵은 것과 얇은 것.

※ '좋을 때나 안 좋을 때나, 어떤 고난이 닥치더라도through thick and thin'에서 착안한 표현

Q) 자명한 사실에 대한 냉소적인 반응을 나타내는, 로마 주교의 소속 교파에 대한 수사적 질문은?

A) 교황은 가톨릭 신자인가요?

Q) 부모가 평소와 달리 이른 저녁 시간에 잘 준비를 시키는 이유는?

A) 꼬마 테디 베어들한테 질려서.

부조화 이론을 검증해보기 위해서 현실에서 벌어진 희극적인 상황 세 가지를 예로 들어보겠다. 내 친구 중에 미국인 인류학자가 있는데, 한번은 아일랜드 서부에서 좀 지나치게 빠른 속도로 차를 몰고 가다가 그만 경찰에게 걸리고 말았

다. 그 경찰은 불길한 기운을 풍기면서 운전석 창문 안으로 몸을 숙이고는 이렇게 물었다. "안개 선생Mr. Fog을 만나기라도 하면 어쩌시려고요?" 이 말에 친구는 순간적으로 딴 생각에 빠져들었다. 코네마라아일랜드 서해안 골웨이에 속한 지역에서 날씨를 의인화한, 그러니까 선샤인(햇빛) 선생, 헤일스톤(우박) 부인, 썬더(천둥) 형제 등으로 서로를 부르던, 지금은 사라진 부족민을 우연히 만나게 된 게 아닌가 싶었던 것이다. 하지만 친구는 이런 추측을 금세 거두고는 경찰관이 그저 자신을 훈계하려 들었을 뿐이라고 결론 내렸다. 그래서 심하게 빈정대는 말투로 이렇게 대답했다. "글쎄요, 발 선생을 브레이크 씨 위에 올려야 할 것 같은데요." 이 말을 들은 경찰은 친구를 이상하다는 듯 쳐다보더니 퉁명스럽게 말했다. "무슨 소릴 하시는 겁니까? 전 '박무나 안개mist or fog'라고 말했는데요."

또 다른 친구 하나는 서아프리카의 한 대학에서 초빙교수로 한 학기를 보낸 적이 있었다. 그 학교의 잔디밭은 공작peacock 천지였다. 몇 년 뒤, 친구는 아주 잠깐이지만 그 대학에 다시 가게 됐다. 아프리카인인 부총장과 함께 산책 삼아 교정을 느긋하게 거닐던 친구는 공작들이 더 이상 눈에 띄지 않는다는 사실을 알아차렸다. "공작들은 어쩌셨어요?" 친구는 부총장에게 물어보면서 약간 장난기를 섞어 이렇게 덧붙였다. "먹어치우신 건 아니죠?" 부총장은 심각한 표정으로 친구 쪽을 돌아보더니 이렇게 말했다. "피콕Peacock 박사와 부인께서는 지난달에 런던으로 떠나셨어요."

마지막은 내가 직접 겪은 일화다. 옥스퍼드의 한 서점에서 이것저것 둘러보던 나는 '알기 쉬운Made Simple' 책들—'알기 쉬운 독일어', '알기 쉬운 화학' 등—이 진열되어 있는 것을 보게 됐다. 그런데 옥스퍼드의 저명한 철학자인 친구 하나가 그 서가 옆에 서서 '알기 쉬운 철학' 책을 휙휙 넘겨보고 있는 게 아닌가. 이때다 싶었던 나는 장난을 치려고 친구 뒤로 몰래 다가가서는 그의 귀에다 대고 이렇게 속삭였다. "자네한테는 좀 어려운 책인데. 안 그런가?" 그는 화들짝 놀라면서 몸을 휙 돌렸다. 그 순간 처음 든 생각은 친구가 성형수술을 했나, 였다. 그러나 곧 나는 그 사람이 내 친구가 아니라는 사실을 깨달았다. 전혀 모르는 사람이었다. 중얼거리듯 어물어물 황급히 사과를 하면서 나는 서점 밖으로 후다닥 나가버렸다. 이 지구상의 어딘가에는 옥스퍼드 사람들은 징글징글할 정도로 엘리트적이라서 생판 모르는 사람이라도 정신 개조를 목적으로 그를 대놓고 비웃는다고 믿는 사람이 존재하게 됐다.

이 모든 상황들에는 각종 부조화가 내포되어 있다. 즉 의미의 충돌, 옹알이 수준의 언어 구사력을 보이는 경찰관의 어색함, 초청자와의 예의를 갖춘 대화와 그와 그의 동료들이 식인종이라는 경악할 만한 암시 사이의 그로테스크한 간극, 전혀 모르는 사람을 이렇다 할 이유도 없이 대놓고 비웃는 행위의 부적절함이 담겨 있다. 그런데 이 가운데 그 어떤 것도 부조화 자체가 유머를 추동하는 것은 아니다. 확실히 방출 이론이 희극의 효과를 훨씬 더 잘 설명한다. 우리는 관습이라는 구속복을 벗고 자유로워질 수 있고, 권위자에게 건방지게 굴거나 지독히 무례하게 구는 철면피 같은 대담함을 통해 고소한 기분을 대리 충족할 수 있기 때문에 웃는다. 각 경우마다 타인이나 (서점 사건의 경우처럼) 본인의 불편한 기분을 즐길 때 기학적 또는 피학적 요소가 작용한다. 다른 이의 굴욕을 보는 일은 괴로운 동시에 통쾌하다. 한편으로는 자신의 약해빠진 에고를 북돋고 강화하기 때문이고, 또 한편으로는 앞서 얘기했듯이 자신의 취약성을 얼마간 간접적으로 마음껏 펼쳐 보일 수 있게 해주기 때문이다.

우리가 재미를 발견하는 것 가운데 상당 부분이 (프로이트의 용어를 빌리자면) '중층결정overdetermination'된 것이라는 점은 주목할 만하다. 다시 말해, 다중적인 요소들의 산물이라는 얘기다. 물론 농담은 적절함과 간명함, 그것을 발휘하는 기술을 통해 심미적 쾌락 역시 얼마간 내어주기도 하지만, 말장난이나 난센스, 중의성의 유쾌한 비제약성을 개념의 꼴 사나운 충돌, 높은 데서 낮은 데로 추락하는 점강법적인 강한 충격, 어느 정도 기구한 운명에 처한 희생자에 대한 반감이나 적대감과 결합하기도 한다.

유머는 상당 부분 위반 내지는 일탈의 문제다. 서로 다른 다양한 현상들을 나누는 경계가 흐릿해지기에 엄격히 구분 지으려는 충동을 누그러뜨릴 수 있고, 이렇게 해서 아끼게 된 에너지는 웃음의 형태로 방출된다. 반어법, 점강법, 말장난, 언어유희, 중의성, 부조화, 일탈, 블랙 유머, 오해, 우상 파괴, 그로테스크한 것, 부적절함, 이중화, 부조리, 난센스, 실수, 낯설게 하기, 갑작스런 변화, 과장법 역시 마찬가지라고 할 수 있다. 일정 수준의 질서와 일관성을 유지하기 위해서 현실원칙이 반드시 배제해야 하는 상호 양립 불가능한 여러 가능성들은 가벼운 무질서의 발생, 즉 불과 몇 분 전까지만 해도 자기모순과는 거리가 먼, 일관성 있게 보이던 세계가 별안간 그런 모습이기를 중단할 때 충만하게 된다. 다만, 압박이 지나칠 경우에는 우려할 만한 수준의 방향 상실을 초래할 수 있으므로, 쾌감은 서서히 고통으로 바뀌기 시작한다.

나는 방금 앞에서 열거한 희극적 장치들의 목록에 부조화를 포함시킨 바 있다. 그런데 어떤 의미에서 보자면 이는 그런 장치들 대부분을 부조화라는 하나의 주제로 묶을 수 있다는 뜻이기도 하다. 따라서 부조화라는 개념이 그처럼 포괄적이라면, 그것이 얼마나 유용할 수 있을지 다시 한 번 의구심을 갖게 된다. 부조화 이론의 또 다른 문제점은 이론 자체가 해석적이기보다는 기술적이라는 부분이다. 부조화 이론은 우리가 무엇에 반응하여 웃는지는 이야기해주지만, 우리가 왜 웃는지는 알려주지 않는다. 그러므로 부조화 이론과 방출 이론을 잇는 작업이 필요하다. 방출 이론이야말로 진정한 해석적 조치이기 때문이다. 우리는 앞서 우월 이론과 부조화 이론을 엮거나, 우월 이론과 방출 이론을 결합한 이론가들이 있다는 사실을 살펴봤다. 하지만 사실 가장 유효한 조합은 방출 이론과 부조화 이론의 조합인 듯하다. 이에 근거하여 앞서 얘기한 내용을 보다 제대로 설명하자면, 유머는 대개 질서 정연한 의미 세계의 순간적인 붕괴로 현실원칙의 장악력이 느슨해질 때 발생한다. 마치 에고가 잠시나마 앙다물었던 입술을 풀고, 조화와 일관성, 정연함, 논리, 선형성, 단일한 의미의 기표에 대한 고집을 버리고, 불필요한 의미와 무의식적인 연계를 허용하고, 우리로 하여금 감각의 유쾌한 다양화를 한껏 즐길 수 있게 해주고, 현실원칙에 반항함으로써 아껴둔 심리적 에너지를 미소나 코웃음으로 발산할 수 있게끔 유도하는 것 같다. 방출 이론의 주요 주장자였던 프로이트가 이런 연관 관계를 그다지 구축하지 않았다는 사실이 눈에 띈다. 농담에 관해 쓴 책에서 프로이트의 관심을 끈 것은 대체로 균형 잡히고 논리 정연한 현실 감각을 유지하는 데 관여하는 무의식적인 작업이 아니라, 외설적인 것과 공격적인 것을 억압하는 데 우리가 쏟아붓는 심리적 에너지였다.

모든 희극 소설을 통틀어 가장 뛰어난 작품 가운데 하나인 로런스 스턴의 《트리스트럼 섄디》는 이러한 현실원칙의 붕괴를 버젓이 구경거리로 삼는다. 특히 분열적인 무의식과 자신의 설명에 아무것도 남기지 않으려는 욕구로 인해 자기 서사의 통일성과 일관성을 유지하지 못하는 트리스트럼의 서사는 하나의 정교한 탈선에서 그다음의 탈선으로, 하나의 시간 계획에서 다른 시간 계획으로 재빨리 움직인다. 그러면서 동시에 넌더리가 날 정도의 의미 과잉에 빠진 채 아래로 가라앉으며 텍스트의 잠재적 무한성 속에서 표류하는 신세가 되고 만다. 그리하여 한 가지를 얘기하려면 동시에 서로 다른 여섯 가지를 말해야 하는 상황에 처한다. 이 영웅이 자신의 인생 궤적을 충실하게 기록하려고 하면 할수록, 그는 가공할 만한 양의 정보를 더욱더 우리에게 제공할 수밖에 없다. 이 엄청난 양의 정보 때문에 소설은 뒤틀리기 시작한다. 하나의 표상은 거듭 또 다른 표상을 낳게 되고, 결국 그 서사는 정체한 뒤 무너지기 시작한다. 희극적 사실주의는 용어면에서 모순을 드러낸다. 사실주의는 불가피하게 억압적일 수밖에 없는 탓이다. 말하는 것에 대해서만큼이나 말하지 않는 것에 대해서는 무언의 웅변을 한다. 그런데 이 같은 배타성은 모든 것을 아우르는 희극의 정신과 불화한다. 본인의 이야기에 손을 대거나 해서 독자들을 속이는 일이 없도록 하려는 위선적인 우려에 따라 트리스트럼은 독자들을 대혼란에 빠트림으로써 어림풋이 위장한 사디즘에 성공한다. 이 같은 현실원칙의 재앙과도 같은 비극적인 붕괴, 결국에는 광기로 끝나고도 남을 정도의 압박에 시달리는 것이 희극적 원형이다.

19세기 초의 비평가 윌리엄 해즐릿은 이미 〈위트와 유머에 관하여On Wit and Humour〉라는 제목의 매우 통찰력 있는 에세이에서 방출 이론과 부조화 이론을 연결 지었다. 그는 '정신이 특정한 규칙성과 부수적인 이해의 경중에 따라 서로 뒤

따르는 사건의 정해진 질서에 대한 기대 위에 얹는 습관적인 압박'에 대해서, 어떻게 '황당무계하거나 희극적인 것이 정신을 불시에 덮쳐 허를 찌름으로써 그 같은 관념 질서의 돌연한 전이를 유발하여 예기치 않게 압박을 평소보다 약한 강도로 느슨하게 만들거나 이완시키는지, 정신을 방심하게 만들고 생생한 쾌감에 깜짝 놀라게 만들어서 괴로운 사색에 빠질 틈도, 그럴 마음도 남겨두지 않는지' 이야기했다.[83]

사실상 해즐릿은 프로이트 이전에 이미 심리적 억압의 해제에 관하여 설명한 셈이다. 그는 유머의 본질이 '관념 간의 부조화한 단절, 또는 감정끼리의 경합'에 있다고 주장했다.[84] 이러한 갑작스런 충돌이나 전위가 정신의 발작 내지는 분열을 낳고, 이는 웃음이라는 신체적 경련의 형태로 표출된다. 다시 말해 희극적인 것의 반反이원론적 개념, 즉 소매와 소매 안감처럼 정신적인 것과 육체적인 것이 서로 불가분의 관계라는 의미다. 해즐릿은 '특정 결론을 내리는 방향으로 가던 정신'으로 시작한 문장을 다음과 같이 이어갔다.

그리고 연쇄적인 관념들 안에서 연속성을 충족하는 즉각적인 해법을 도출하는 결과, 느슨하고 불확실한 상태에서 더욱 생생하게 정신에 떠오르기도 하는 대상, 그리고 회복하고 추스를 틈도 없이 그처럼 서로 갈마드는 흥분과 이완, 즉 근육계와 신경계의 불규칙한 발작적인 움직임을 유발하는데, 이것이 바로 물리적 웃음이다. 감각에서 발생하는 불연속성이 그에 상응하는 잡음과 틀 안의 불협화음을 자아낸다.[85]

앞서 살펴봤듯이, 해즐릿은 과정에 있어서 칸트와 거의 매한가지로, 유머에 삐딱한 요소가 있을 수 있다는 사실 역시 인식하고 있었다. 즉 웃음의 금지는 웃음을 유발하는 데 기여할 뿐이다. '우리가 설교나 장례식장, 결혼식장에서 점잖 빼고 침착하고 태연하게 있기가 거의 불가능'한 것은 바로 이런 이유 때문이다.[86] 정신분석 이론에서 말하는 바와 같이, 율법은 그저 욕망을 억압하기만 하기보다는 외려 욕망을 부추기고 조장한다. 우리로 하여금 그것을 위반하도록 부추기고, 그리하여 일탈을 이유로 우리를 벌할 수 있다.

해즐릿은 불협화음을 만끽하는 것이 명백히 장려될 만한 일은 아니라고 봤다. "앞에 뭐가 나타나든지 간에 그 안에 담긴 부조화에 끌린다고 해서 그것이 대단한 이해력이나 인식의 정교함을 의미하지는 않는다. 오히려 한 개인이 두 가지 관념을 견실하게 또는 일관되게 하나로 연결하지 못하도록 방해하는, 정신이나 기질의 느슨함과 경박함을 나타낸다"고 그는 경고했다.[87] 고상한 위트와 오두방정은 전혀 별개다. 다음 장에서 살펴볼 테지만, 희극과 관련해서도 언어적 또는 개념적 무질서의 상태로까지 가지 않는 한바탕 명랑 쾌활함의 용인 가능한 범위에 대한 문제가 상존한다.

부조화 이론이 제아무리 유효성을 입증할 수 있다고 해도, 우리가 왜 어떤 형태의 일탈에는 웃음을 터뜨리면서도 다른 형태의 일탈에는 웃지 않는지 그 이유를 설명하는 데는 한 치 앞으로도 더 나아가지 못한 상태다. 철학자들이 '범주 오류category mistakes'라고 부르는 것(이를 테면, 정신을 무형의 신체 기관으로 간주하는 것)도 부조화에 속하기는 하나, 그것이 포복절도를 유발하는 경우는 거의 없다. 더불어 불협화음이 전혀 없는 발언이나 상황도 왜 여전히 재미있을 수 있는지, 그 이유 역시 밝히지 못하고 있다. 게다가 부조화를 수반하기는 하지만, 주로 모욕을 통한 원시적 쾌감에 기대고 있는 농담들도 존재한다. 이를 테면, 조지 W. 부시의 눈이 너무 몰려 있어서 렌즈 하나짜리 단안경을 써도 될 정도라고 한 저널리스트 크리스토퍼 히친스Christopher Hitchens의 농담 같은 것 말이다. 따라서 유머는 아직까지 자신의 비밀을 다 털어놓지 않았다. 그러니 유머를 조사하고 연구하는 데 전념하는 상당한 규모의 학술 산업은 아마도 흔들림 없이 계속 굴러갈 것이다.

4

유머와 역사

 유 머 란 　 무 엇 인 가

고대의 지배 엘리트층과 중세 유럽 사회는 유머에 대단히 호의적이지 않았다. 예로부터 웃음은 고상한 즐거움과 천박한 키득거림 사이에 분명한 선을 긋는 계급 문제였던 것으로 보인다. 아리스토텔레스는 《니코마코스 윤리학》에서 좋은 혈통의 유머와 나쁜 혈통의 유머 간에 차이가 있다고 주장했다. 그는 기지wit를 우정, 정직과 더불어 세 가지 사회적 덕목 가운데 하나로 높이 평가했다. 그런데 아리스토텔레스가 논의의 대상으로 삼은 기지는 반어법의 전개와 마찬가지로 정제와 교육이 필요하다. 플라톤은 《국가》에서 시민들에 대한 조롱을 단호히 반대하면서, 희극을 주로 노예나 외국인에게 기꺼이 위임했다. 조롱이나 조소는 사회 분열을 조장할 수 있고, 분란을 일으키는 위험한 방식으로 남용되거나 오용될 수 있다. 수호자 계급Guardian class 내에서는 웃음의 함양이 '웃는 신' 또는 '웃는 영웅'의 이미지와 더불어 가차 없이 꺾이고 만다. 성 바오로는 익살, 즉 그가 '에페소인들에게 보낸 편지'에서 '유트라펠리아Eutrapelia'라고 칭한 것을 금했다.[88] 그런데 성 바오로가 염두에 둔 것은 아리스토텔레스가 인정했을 점잖고 세련된 위트라기보다는 천박하고 저속한 농담이었을 확률이 높다.

미하일 바흐친은 "중세에 웃음은 모든 공적 이념의 영역과 공적 사회관계의 바깥에 머물렀다. 웃음은 종교 의식에서, 봉건적·국가적 의례와 예의범절에서, 모든 유형의 고도의 추론에서 제거됐다"라고 평했다.[89] 오늘날까지 전해지고 있는 가장 오래된 수도원 규칙에서도 농담을 금했다. '성 베네딕도 수도 규칙서'는 웃음을 자극하거나 유발하지 말 것, 즉 성 골롬바노가 금식의 벌을 내렸던 무례함에 대해서 경고했다. 희극에 대한 중세 교회의 두려움은 움베르토 에코의 소설《장미의 이름》에서 벌어지는 살인과 대혼란으로 이어졌다. 아퀴나스는 예외적으로《신학대전》에서 이 사안에 대해 한층 유연한 태도를 보였는데, 그는 영혼의 기쁨 말고는 아무것도 찾아볼 수 없는 말이나 행동의 치료 활동의 일환으로 유머를 권했다. 아퀴나스는 영혼을 위로하는 데 유머가 필요하다고 봤다. 실제로 그는 유머를 못마땅하게 여기고 꺼리는 태도를 악덕으로 간주했다. 기독교 신학의 입장에서는 무의미한 농담의 즐거움은 신성한 창조 행위를 반영한다. 다시 말해, 본디 '무상행위acte gratuit'는 그저 자기 목적적으로 실행되듯이 아무런 필연성도 없이, 그리고 내적으로 그 어떤 기능적 결론도 없이 움직이는 것이다. 세계는 그저 별다른 이유 없이 만들어졌다. 공산품보다는 예술품에 더 가깝다.

유머에 대한 인색하고 비뚤어진 의혹은 경박함에 대한 공포 이상의 것에서 비롯됐다. 보다 근본적으로는 특히 집단적 차원에서의 통제력 상실의 가능성에 대한 공포가 반영됐다. 플라톤이 보기에 과도한 웃음은 구토나 배설과 똑같은 수준의 혐오감을 불러일으키며 자연스러운 신체 기능에 의한 불쾌한 방출을 초래할 수 있었다. 키케로는 익살에 적용되는 정교한 원칙을 제시하면서, 그 어떤 물질이라도 즉발적이고 자연적으로 폭발하듯 분출되는 상황을 경계했다. 웃음으로 인한 개별적인 몸의 해체 및 소멸은 대중 봉기의 전조가 될 수도 있는 바, 중세의 카니발—일종의 허구적, 환상적, 산발적 형태의 사회 혁명—은 이러한 불안이나 염려를 정당화할 만큼 희극적 카오스에 근접해갔다. 위생적인 귀족들의 잘 훈련되고, 점잖게 단장하고, 효율적으로 통제되고 조절된 몸과는 대조적으로 평민들의 몸은 허물어지고 부서지고 망가질 위험성이 영원히 상존한다. 웃음은 위험스러운 민주적 특질도 지니고 있다. 튜바 연주나 뇌수술과는 달리 누구나 할 수 있는 일이기 때문이다. 전문 지식이나 기술, 특권적 혈통, 주도면밀하게 육성시킨 기술 따위가 전혀 불필요하다.

희극이 통치권에 위협이 되는 이유는 무정부적 성향 때문이기도 하지만, 고통이나 죽음처럼 중대한 사안들을 가볍게 봄으로써 지배계급이 비책으로 숨겨두는 사법적 제재의 힘을 얼마간 약화시키기 때문이다. 희극은 권위의 장악력을 느슨하게 만들어버리는 '될 대로 되라' 식의 무사태평한 태도를 키울 수 있다. 카니발적 양식을 통해 희극은 몽환적인 불멸의 감각, 즉 사회질서를 유지하는 데 필수적인 취약성의 감각을 떨쳐 없애는 감각을 낳을 수 있다. 그 유명한《우신예찬》의 저자 에라스뮈스도 어린 학생들의 교육에 관해 쓴 논문에서 웃음의 위험성을 경고했다. 에라스뮈스는 학생들에게 방귀가 나올 때 과도하게 소리가 나지 않게끔 엉덩이를 꾹 누르거나, 적절한 타이밍에 기침을 해서 꼴사나운 소리를 감추라고 강력히 권고했다.

극작가 윌리엄 콩그리브William Congreve는 〈희극 유머론An

Essay Concerning Humour in Comedy〉에서 자신의 본성과 관련하여 품위를 떨어뜨리는 생각을 할 수밖에 없도록 만드는 희극적 광경에 대해 볼멘소리를 했다. 콩그리브는 원숭이를 한참 구경하다 보면 스스로 굉장히 모멸감을 느끼지 않을 수 없으리라고 생각했다. 패러디, 흉내 내기, 일탈은 규범의 우려스러운 취약성을 환기한다. 이와 유사한 견지에서 조지프 애디슨은 〈스펙테이터〉지에 게재한 글에서 웃음은 광란과 결혼한 어리석음의 딸이요, 거짓을 어미로 둔 난센스의 아들이라고 주장했다. 키득거리기 좋아하는 이들이 볼 때 썩 괜찮은 족보는 아니다. 18세기의 비평가 존 데니스John Dennis는 유머가 주로 하층계급에서 나타난다고 봤다. 유머는 정신의 문제라기보다는 육체의 문제이기에, 교육을 못 받아서 동물적 본능을 억제하는 법을 터득하지 못한 이성을 지닌 사람들 틈에서 융성할 가능성이 더 크다는 것이다. 이와 유사하게 올리버 골드스미스는 〈웃음과 감상 희극의 비교A Comparison between Laughing and Sentimental Comedy〉라는 글에서 희극을 바닥 하층민들과 연결 지었다. 유머에 대한 이런 식의 편견을 전승한 이들 가운데 가장 의외의 인물은 셸리였다. 그는 대화 도중에 터지는 웃음이 진압되기 전까지는 인류의 완전한 갱생은 결코 있을 수 없다는 말을 했다고 한다.[90] 급진적 자유지상주의자들조차도 유머를 백안시했다니, 유머의 앞날이 암담했으리라는 것은 짐작하고도 남을 일이다.

18세기의 철학자 데이비드 하틀리David Hartley는 '심각하고 진지한 사안에 쓰이는, 경박한 사람들을 가장 많이 웃기는, 그리고 신성한 것들에 대한 숭상을 약화하는 저급한 비교, 암시, 대조, 우연의 일치'를 단칼에 거부했다.[91] 그는 지나친 위트와 웃음은 정신이 세상사의 실체를 인지하지 못하게 함으로써 진리 탐구를 방해한다고 봤다. 이와 비슷한 맥락에서, 빅토리아 시대의 소설가 조지 메러디스는 유머가 '왁자지껄한 무법성보다는 정신적 풍요로움'을 주리라고 기대하면서,[92] '포도주병의 아들'의 비호 아래 고함소리가 넘쳐흐르는 야만적인 희극싱과 정세된 웃음을 구별하기를 열망했다.[93] 대다수 희극은 저급하고 우스꽝스럽다. 반면에 문학은 고상한 작업이다. 그렇다면 '희극 문학'은 언어 모순인가? '희극 이론' 역시 모순 어법인가? 메러디스가 알려주는 바에 의하면, 우리는 '웃음소리'를 통해서 정제 수준을 판단할 수 있다. 이는 이 책의 시작점으로 돌아가게끔 만드는 주장이다. 정치인은 껄껄 웃는 반면, 입이 건 생선 장수는 낄낄거린다.

지나치게 까다롭기는 해도 메러디스는 20세기 이전에 대담하게 젠더의 왕국에 발을 들여놓은 몇 안 되는 유머 이론가들 가운데 한 명이다. 그는 희극의 상당수가 양성의 싸움을 중심으로 전개되며, 여성을 '예쁘장한 백치'에서 감탄을 자아내는 재담꾼으로 승격시키는 데 아주 큰 역할을 한다고 주장했다. 메러디스는 동양에 희극이 없는 것은 그곳 여성들의 낮은 지위 때문이라고 봤다. 여성에게 일절 자유가 없는 곳에는 희극이 부재할 수밖에 없다고 그는 주장했다. 성 평등 없이는 진정한 문명이 있을 수 없고 '문명이 가능하지 않은 곳에는 결코 희극이 있을 수 없다'.[94] 문명의 부재 상태에서는 희극 정신이 '그것에 대한 갈증을 해소시키는 상스러움의 하수구로 빠지게' 된다.[95] 여성이 단순 가사 노동자로 축소되는 곳에서는 희극의 형식이 원시적인 경향이 있다. 여성이 웬만큼 독립적이기는 하나 교양이 없는 곳에서는 멜로드라마(통속극)의 형태가 나타난다. 반면에, 성 평등이 이뤄진 곳에서는 희극 예술도 더불어 나란히 융성한다.

근대 초기의 희극에 대한 저항과 반대는 대체로 청교도주의의 역사에 속한다.[96] 그런데 누군가는 토머스 홉스의 언짢은 유머 이론이 연극과 대중 축제라는 골칫거리만큼이나 그 자체로 위협적이라고 주장할 수도 있다. 홉스가 그러한 가설을 내세운 배경에는 17세기 소유적 개인주의 사상의 출현도 물론 있었지만, 그 당시에 팽배했던 내전의 폭력성, 적대감, 당파성 때문이기도 했다. 명백하게 순수한 즐거움과 웃음조차도 인간을 주로 권력과 욕구에 따라 움직이는 반사회적 동물, 격렬한 상호 투쟁에 갇혀 헤어나지 못하는 독자적이고 이기적인 생명체로 보는 홉스의 비호의적인 시각 안으로 휩쓸려 들어가고 만다.

뭔가 칙칙하고 음울한 이런 식의 관점은 18세기 초 토리당 보수파, 즉 포프와 스위프트를 비롯한 보수 동지들의 심술궂은 풍자에 영향을 미쳤다. 이들은 조롱하고, 흠집 내고, 우스꽝스럽게 과장하거나 무자비하게 난도질하고 싶은 욕구를 십분 발휘하여 마음을 갈기갈기 찢는 듯한 혹독한 방식으로 풍자했다. 그런데 이 시기에 핵심적인 감수성의 변화가 일어났다. 신랄한 풍자에서 벗어나 한층 다정한 세계관 쪽으로 방향이 바뀌게 된 것이다. 지난 세기의 정치적 갈등과 이념적 원한을 과거지사로 묻어버리기로 작심한 사교 클럽과 커피 하우스에서는 평온함과 상냥함의 일종인 정신의 유쾌함이 지배적인 분위기가 되었다. 그리고 이윽고 영국 신사의 특징으로 자리 잡았다. 이 시기에 우리는 지배적 이데올로기의 중심부로 접근해 가는 유머— 적어도 좋은 유머— 라는 드문 현상을 목격하게 된다. 쾌활함과 친화성이 고약한 청교도주의가 차지하고 있던 자리를 찬탈했다. 실제로 진지함에 대한 혐오는 오스카 와일드의 시대에 이르기까지 시종일관 영국 상류층의 전형적인 특징이 됐다. 어떤 의미로는 오스카 와일드의 시대에 진지한 것being earnest은 그 단어(당시에는 '동성애자'를 지칭하는 완곡 어구이기도 했던 용어)의 평소 의미인 진지함earnestness보다 훨씬 더 즐거움을 제공했다. 18세기 사교 클럽 회원들의 익살과 농담에 정치적 함의가 내포되어 있다고 본다면, 그것은 무엇보다도 특히 이들 유쾌함의 옹호자들이 목표로 삼은 대상이 다름 아닌 입을 앙다문 광신자들과 당파적 고집불통들이었기 때문이다. 좋은 유머는 혁명의 역풍이라고 누군가는 약간 과장해서 주장할지도 모르겠다.

샤프츠베리 백작이 보기에 희극 정신의 실천은 완고하고 광적인 것이라기보다는 수월하고, 자연스럽고, 유연하며 관대한 것이었다. 유머는 '미신과 우울한 망상'에 대처할 수 있는 아주 훌륭한 임시방편이다.[97] 거친 호전성을 지닌 풍자는 그보다 더 거칠고 투쟁적인 세계의 문화적 잔여물인데, 고상한 상류층의 무한한 자애에 대한 믿음에서 우러나온 좋은 유머와 평화적인 정신이 이를 누그러뜨린다. 사람들은 덕으로 질책 당하기보다는 덕에 빠져들게 되고, 장광설을 듣기보다는 유머를 듣게 된다. 역사학자 키스 토머스Keith Thomas의 말마따나, 18세기 초는 '유머가 점점 부드러워지고 (…) 기벽이 풍자적인 공격을 부르는 일탈이 아니라 음미하고 즐길 만한 유쾌한 기행이 되는' 시기였다.[98] 헤겔은 《예술철학》에서 근대 희극에서는 불완전함과 불규칙성이 경시의 대상이기보다는 오히려 재미의 대상이라고 언급했다. 하지만 18세기 토리파 풍자 작가들이 보기에 공통된 인간 본성으로부터의 일탈은 채찍질을 가해서 제자리로 돌려놓아야 할, 위험성이 잠재된 변칙이기는 했으나 그렇다고 해서 그것이 즐거움의 원천이 아닐 수도 있다는 말은 아니었다. 이 같은 이중적인 시각은 벤 존슨의 작품에서도 나타났다. 이와는 대조적으로 덜 비판적이고 까다로운 문학예술의 경우에는 별종들이 우아한 즐거움을 제공하는 요인이 됐다. 〈스펙테이터〉지의 로저 드 커버리 경, 필딩의 파슨 애덤스, 스턴의 성자 같은 토비 숙부가 바로 그런 인물들이다. 콩그리브는 유머를 '언행이 남들과 차별화되게끔 만드는, 그게 뭐가 됐든 오직 한 사람에게만 특유하고 자연스러운 것을 행하거나 말하는 독자적이고 불가피한 방식'이라고 규정했다.[99]

'불가피한unavoidable'이라는 말을 강조할 필요가 있다. 이 단어로 인해 유머는 사실상 일종의 결정론이 된다. 다시 말해, 선택된 것이라기보다는 주어진 것이고, 한 인간의 특징을 구성하는 일부이므로, 남성이든 여성이든 그들이 특이하거나 별나다고 해서 질책하고 비난하는 것은 부조리하다는 결론이 나온다. 그런데 '남성이든 여성이든'이라고 이야기하는 것은 별로 적절치 않다. 콩그리브의 관점에서 볼 때 유머는 주로 남성들—실제로는 영국인 남성들—에 국한된 현상이기 때문이다. 여성들은 천성 자체가 차갑기 때문에 유머가 부족한 경향이 있다는 것이다. 여하간 여기서 핵심은 이제 희극적인 것이 특이한 것과 동의어나 마찬가지가 됐다는 사실이며, 이는 실제로 순수한 개성과 구별하기가 어려워졌다. 만약 유머가 아무나 흉내 낼 수 없는 특정한 인격의 분위기를 뜻한다면, 모든 개인은 유머러스하다고 할 수 있다. 다만, 좀 더 별나거나 이례적이거나 괴팍하다는 의미에서 남들보다 더 유머러스한 사람들이 있을 뿐이다. 개성이 가치를 인정받게 되자 기벽에 대한 영국인들의 독특한 관용('세상을 만들려면 온갖 것들이 필요하다', '다들 하나같이 똑같은 생각을 했다면 웃기는 세상이 됐을 것이다')이 급성장하기 시작했다.

물론 여기에서 논의의 대상으로 삼고 있는 유머는 당연히 진부한 술자리 대화와는 달리 정제되고 고상한 행위다. 그렇기에 앞서 언급한 18세기의 작가들도 청교도 전임자들만큼이나 배꼽 잡는 웃음에 대해서는 상당히 쓴소리를 했다. 체스터필드 경은 아들에게 보낸 편지에서 절대로 웃음소리가 들려서는 안 된다고 충고했다. 스위프트도, 볼테르도 그 같은 상스러움과 무례함에는 무관심하다는 소문이 파다했다. (이들과는 대조적으로 새뮤얼 존슨은 툭하면 웃는 사람이라는 세평이 있었다.) 진정한 위트는 폭소보다는 미소를 유발한다. 천하고 맹목적인 감각에 대한 정신의 우위를 증명하는 셈이다. 유머는 몸의 문제다. 반면 위트는 정신의 능력이다. 수필가 조지프 애디슨과 리처드 스틸Richard Steele은 냉철하고 정중한 방식의 웃음을 지지했다. 냉철함은 스틸의 최대 강점이기도 했다. 유머는 어릿광대짓과 저속한 익살에 대한 우려에 따라 불쾌한 부분이 제거되고 품위 있게 바뀌었다.

친화성의 숭상은 그 나라의 게일 주변인들 틈에서 꽃을 피웠다. 사회적 관계가 소유적 개인주의 신조의 지배를 상당히 덜 받은 덕분에, 공동체 관념이 여전히 융성할 수 있었다. 스코틀랜드 고지나 아일랜드 서부의 혹독한 환경 하에서 이뤄지는 인간관계는 대도시 중심부의 인간관계에 비해 상당히 덜 합리화되고, 덜 관료화되고, 덜 상업화되고, 덜 익명적으로 관리됐다. 게일 사람은 시끌벅적한 야만인으로 정형화되었을 수는 있으나, 사교성과 친화력의 표본 그 자체이기도 했다. 아일랜드 중부지방 출신인 올리버 골드스미스가 묘사한 인물은 이 같은 특징에 딱 들어맞는다.

그의 넉넉한 친절함, 투명한 영혼의 순박함, 가장 폭넓은 유머에서 가장 은근한 파토스로의 재빠른 전이, 온갖 고통 속에서도 살아남은 유쾌한 본성의 낙천성—이런 것들을 그것이 성장한 아일랜드 땅, 욕구나 충동이 숙고나 양심보다 여전히 우위를 차지하는 곳, 아직도 무분별한 자애가 사려 깊은 선함으로 통하고 가장 엄숙한 삶의 의무가 사회적 쾌락에 압도당하거나 광기 어린 흥분에 빠질 수 있는 그곳에서 떼어놓는 일을 누가 맡을 텐가?[100]

위에서 내려다보는 듯한 칭찬이 결국에는 비난으로 끝나게 될 때, 그 과정이 진행되어 감에 따라 칭찬이 어떤 식으로 서서히 변질되어 가는지를 보면 흥미롭다. 이럴 경우 게일 사람은 속이 부글부글 끓어도 두 눈을 반짝이며 입술에는 미소를 머금고 있다. 다만, 에일 잔을 감싸 쥔 손에 지나치다 싶을 정도로 힘이 들어가 있을 뿐이다. 영국계이면서도 아일랜드인들의 전형적인 특질인 활기, 좋은 유머, 유쾌한 사귐성을 보였다던 더블린 태생의 리처드 스틸, 그리고 마찬가지로 아일랜드 출신이었던 올리버 골드스미스는 영국인들에게서 약간 무례하고 무뚝뚝한 면을 발견했다. 하지만 두 작가 모두 돌처럼 딱딱한 영국인들의 겉모습 밑에 깔려 있는 말랑말랑하고 부드러운 마음이 감지된다고 주장했다. 스틸은 평균적인 영국 시민은 거친 인상과 냉담한 행동 밑에 애끓는 연민과 여성스러운 다정함을 숨기고 있다고 지나칠 정도로 너그럽게 평가했다. 골드스미스는 '제2의 조국'에서 함께 살아가는 동료 시민들이 비록 겉으로는 성미가 고약한 듯 보일지 몰라도, 모든 곤경과 고난에 공감하고 동정하는 마음을 지니고 있다고 믿었다.

글래디스 브라이슨Gladys Bryson은 몇몇 스코틀랜드 계몽주의 이론가들이 연대감과 관습을 토대로 구축된 사회질서와 한층 비인격적인 관계에 기반한 사회질서를 대조한 뒤, 대체로 전자에 우호적인 판결을 내렸다는 점을 지적했다.[101] 또 다른 논객은 "감성에 대한 스코틀랜드적 정의에서 결정적인 요소는 개인주의가 아니라 사교성이었다"고 말했다.[102] 이 경우 사회는 홉스나 로크 식의 계약 문제가 아니라 가정 단위의 확장이므로, 인간에게는 자연스러운 것으로 간주된다. 영국 국경의 북쪽에 있는 일부 사상가들이 협력의 미덕을 칭송하게끔 자극한 것은 갈수록 이기적인 방향으로 나아가는 사회질서 내에서 공동체 정신과 도덕 경제를 지켜내야 할 필요성이었다. 스코틀랜드 철학자 애덤 퍼거슨Adam Ferguson은 부족 문화 내지는 씨족 문화의 연대와 결속을 근대 상업 사회의 '떨어져 있는 독자적인 개인들'과 씁쓸하게 대조했다. 후자의 환경에서는 적의, 질시, 경쟁이 사람들 사이의 정情으로 이뤄진 유대의 끈을 끊어버린다고 그는 주장했다. 그럼에도 불구하고 퍼거슨은 여전히 "사랑과 자비가 인간의 가슴속에 있는 가장 강력한 원칙들이다"[103]라고 하면서 반反홉스적 정신이 살아 있음을 믿었다. 그의 동료이자, 요즘 시대에는 냉혹한 자유시장주의자로 희화화된 애덤 스미스Adam Smith 역시 상업 정신이 심신을 약화시킨다고 봤다. 그리고 스미스와 퍼거슨 두 사람 모두 브라이슨이 '감정의 윤리학'이라고 부른 것을 옹호했다.[104] 스미스는 자비롭거나 공감적인 상상력의 열렬한 지지자였기에, 상업적 교류만큼이나 정신적 교류에도 몰두했다. 타인에 대한 공감은 자기 자신을 그 사람이 처한 상황이나 입장에 두는 것이다. 우리는 상품은 물론이고, 자기 자신을 동료 시민들과 교환할 수 있다. 18세기에 등장한 '감정의 인간Man of Feeling'은 타인의 고통이나 기쁨에 대한 이런 식의 민감성이 거의 병적인 수준의 감성 숭배로 진화했다.

　그리하여 동류의식, 자애, 연대의 미덕을 찬미하는 철학이 여전히 어느 정도는 전근대적이었던 지역들—정서의 힘, 전통의 권위, 개인적 친밀감의 사회적 역할이 경제적 개인주의, 관습에 대한 법주권에 맞서 후위를 맡아 싸우고 있던 곳들—의 주요 도시로 슬금슬금 들어가게 됐다. 자본주의 사회질서의 문제는 계산적이고 빈틈없는 합리성이 위험을 무릅쓰고서라도 고유한 사회적 관계를 지탱하고 재생하는 데 필요한 감정의 합일을 척결하려고 한다는 점이다. 그런데 주변부 게일 사람들은 적당히 다듬어지고 정제된 정서를 신중히 도입하여 그러한 대의에 동원할 수 있었다. 개인이 독자적으로 움직이는 자발성을 지닌 원자로 간주되어 정치적 상황이 공리주의적 계약으로 축소될 경우, 오히려 공유된 감수성과 뼈대가 튼튼한 가치의 필요성, 다시 말해 경쟁적인 개인주의가 붕괴의 위험 없이 완전한 자유를 부여받을 수 있는 환경이 더 한층 시급해진다. 감수성, 붙임성, 좋은 유머는 상업의 윤활유 역할을 하게 된다. 《진짜 바보The Fool of Quality》라는 제목의 월등히 지루한 소설 작품을 쓴 저자인 18세기의 소설가 헨리 브룩Henry Brooke은 상인이 어떻게 '가장 외딴 지역들을 인근 지역으로, 또 인근 지역을 가장 외딴 지역으로

이끄는지, (…) 그리하여 하나의 가정家庭을 이뤄내고, 하나의 망網, 전 인류의 친밀감과 형제애를 엮어내는지'에 대해서 썼다.[105] 이와는 대조적으로 보다 급진적인 계열의 경우, 공감의 숭배가 사회적 실존에 대한 무지함은 다소 덜한 이기적 시각이라는 명분하에 이 모든 계획의 탈선을 위협할 수 있었다.

브룩의 낙관적 관점에 의하면, 인간들 사이에서 상업적 관계가 확산되면 그에 따라 사람들 간의 교감이 발달하게 되고, 결과적으로는 상업이 한층 순조롭고 효율적으로 흘러가게 되는 통로가 만들어진다. 상업적 교류는 예의를 낳고, 사회적 관계를 공고히 하며, 귀족적 품위와 우아함을 약간 주입함으로써 교양 없는 속물 부르주아의 조야한 구석을 다듬어낸다. 무역의 확대와 동류의식의 확산은 상호 강화된다. 몽테스키외의 《법의 정신》은 그 기저에 이러한 '온화한 상업 le doux commerce' 철학이 상당 부분 녹아 있는데, 그는 환어음의 문화력을 믿는 감동 어린 신념을 품고 있었다. 상업은 사람을 한층 유순하고 사교적으로 만든다. 그리고 이런 종류의 부富는 분산되고 변덕스러운 탓에 전제국가가 몰수하거나 통제하기가 덜 용이하다. 스코틀랜드의 철학자 존 밀러 John Millar는 심지어 이러한 공동의 안녕에 프롤레타리아 계급까지 끌어들였다. 즉 노동자들이 동일한 근무 조건과 정기적 교류를 통해 혼연일체가 되어 끈끈하게 단결할 경우 "엄청난 속도로 자신들의 모든 생각과 열정을 서로 주고받을 수 있게 된다"고 밀러는 주장했다. 이로써 평민 연대의 근간이 형성되는 것이다.[106] 사회는 유쾌하고 본능적인 협력에 의해 작동하는데, 이러한 공동체성에 대한 필수적인 메타포가 바로 농담의 공유다.

평온함, 정중함, 좋은 유머, 사교성은 이제 번영의 기반으로 여겨지게 된다. 명예, '거만함', 무공 같은 구식의 귀족적 가치들은 온화함, 정중함, 가정의 화목, 사회적인 정 같은 중산층의 미덕에 자리를 내주어야 했다. 한 비평가의 말마따나 "영웅의 시내가 가고, 감정의 시대가 도래했다".[107] 가장 위대한 스코틀랜드 철학자의 저작에서는 감정이 모든 도덕적 판단의 근원에 자리했다. 데이비드 흄David Hume이 보기에, 실재하는 대상을 가상의 대상과 구별 짓는 것은 그저 감정의 정도 차이다. 연민, 파토스, 평화적인 것, 모든 여성적인 가치들은 가정의 영역에서 공공의 영역으로 옮아가야만 했다. 아일랜드 철학자 에드먼드 버크Edmund Burke는 이러한 전략의 수석 대변인이나 마찬가지였다. 감정과 온정으로의 새로운 국면 전환, 다정한 애처가라는 새로운 경향이 생겨났다. 감성은 몸에 대한 일종의 수사학, 얼굴을 붉히고, 울고, 기절하고, 두근거리는 행위의 기호학이 됐다.

매너의 숭배가 새로이 형성되는 데 지대한 공을 세웠던 잡지 〈태틀러The Tatler〉를 창간한 인물이기도 한 리처드 스틸은 아내에게 완벽하기 이를 데 없는 정중한 황홀함으로 가득 찬 편지를 썼다. 아내는 그의 '사랑하는 생명체', '사랑하는 지배자', '지구상에서 가장 사랑하는 존재'였다. 어떤 편지에는 '당신의 다정하고 애정 어린, 고마움에 몸 둘 바 모르는 남편이자 연인'이라는 자필 서명을 남겼다. 신과 진리, 사랑에 대한 암시가 곳곳에 흩뿌려진 이런 식의 휘갈겨 쓴 산만하고 단편적인 편지들은 가끔씩 차茶 선물이나 얼마간의 돈과 함께 도착할 때도 있었다. 핼리팩스 경과 식사 중이라는 사실을 아내에게 알리는 편지에서 스틸은 이런 말을 덧붙였다. '당신이 그리워서 죽겠소.'[108] 스틸은 〈스펙테이터〉 40호에서 '나는 오랫동안 아내라는 단어를 더할 나위 없이 기분 좋고 가장 사랑스러운 이름으로 만들고자 하는 야심을 품어 왔다'는 이야기를 마구 쏟아냈다. 새로운 유형의 남자다움이 형성되고 있는 중이었다. 그것은 잘못된 위트와 귀족적 방탕함을 배척하고 진실, 온화함, 소박함, 분별, 비폭력, 정신의 관대함, 부부간의 정을 고집하는 태도였다. 공감적 상상력—

타인이 지금 어떤 감정 상태인지에 대한 즉각적이고 직관적인 감각—은 이 같은 여성적인 감성과 관계가 있었다. 스틸은《기독교적 영웅The Christian Hero》에서 신은 우리에게 '서로 더 긴밀한 결합에 이르는 자연사회를 통해서 (…) 그리고 불행한 이들과 함께 애통해하고, 기뻐하는 이들과 함께 기뻐하는 은밀한 매력을 통해서 서로를 바짝 밀착시키는' 공통의 자질을 주었기에 "인간의 마음이 인간적인 것을 싫어하고 꺼리기는 불가능하므로, 기쁨에 젖어 있는 사람들과 곤경에 처한 사람들의 바로 그러한 표정과 몸짓에 의해 우리는 그들이 처한 상황에 따라 오르내리게 된다'고 주장했다.[109] 그러고는 기쁨이 익살보다는 '소통력이 있다'고 덧붙였다. 프랜시스 허치슨이 보기에 우리 인간들은 역겨운 악취에 구역질을 하거나, 숭고한 전망에 도취되는 것과 마찬가지로 타인의 아량을 보면 자연스럽게 기쁨이 촉발된다. 도덕적 판단은 반사적인 신체 반응만큼이나 즉각적이고 자발적이다.

그리하여 문화정치의 전체 계획 안에서 유머, 연민, 쾌활함은 중심적인 역할을 수행하게 됐다. 문학계의 주된 과업 가운데 하나는 냉정한 부르주아에게 매너와 예의, 가정적인 애정을 주입함으로써 그들의 냉정함을 누그러뜨리고 새로운 감정 패턴을 가르치는 일이었다. 1780년 판 로런스 스턴

전집을 소개하는 광고는 이 책을 읽으면 사회에 자애심이 함양된다고 장담했다. 소설, 연극, 정기간행물은 결투에 대한 훈계에서 상업에 대한 찬사에 이르기까지 사회를 품위와 우아함, 도덕적 민감성으로 가득 채움으로써 사회적 실존에 미학적 요소를 더하고자 하는 운동에 죄다 동원됐다. 중산층은 정제되고, 건방진 귀족들은 유순해졌다. 성직자들과 신학자들로부터 회수된 도덕철학이 사교 클럽이나 살롱, 커피 하우스에 적용됐다. 새로운 문화적 환경은 경박함(상류층의 악덕)이 아니라 웃음의 형태로 쉽게 새어나올 수 있는 정신의 가벼운 민첩성으로 특징지어졌다.

이러한 문화적 풍토에서는 유머가 쉽게 나올 수 있었다. 그런데 유머는 단순한 농담에 비해 더욱 깊이 파고드는 하나의 세계관이었다. 다시 말해, 당시 떠오르고 있던, 갈수록 자기 자신에 대해서 점점 더 자신감을 갖게 되고 마음을 놓게 된 사회계층—역사가 자기네 편이라는 사실을 (있는 그대로 똑똑히) 느끼고 있었고, 자신들이 소유한 토지와 자본에 걸맞은 문화적 정체성을 강화하느라 분주했던 은행가, 변호사, 성직자, 지주, 상인, 증권 중개인, 브로커, 기업가로 구성된 견실한 프로테스탄트 집단—의 눈 밝은 시각이었다. 제국주의 권력, 급속히 팽창하는 경제, 수익성 좋은 식민지무역으로 한껏 들뜨기는 했어도 이들 신흥 중산층은 방어벽을 사이에 두고 젠트리와 귀족계급에 정면으로 맞서기보다는, 보다 신중한 태도로 그들과 타협하는 편이 유리하다고 봤다. 신흥 중산층은 '앙시앵 레짐'의 오만불손함은 제어했는지 몰라도, 자신들의 뒤를 이은 산업자본가들을 한동안 괴롭히게 될 아래로부터의 반란에 대한 공포는 잘 알지 못했다. 유머, 자애, 감상주의, 한없이 낙천적인 약간의 자기만족이 이들 계층을 구성하는 낙관적 요소들이었다. 휘그당의 유력 인사였던 섀프츠베리는 위트의 성행과 자유무역 사이에 놀라울 만큼의 직접적인 연결선을 그었다. 그는 "자유와 상업은 (위트에) 진정한 기준을 제공한다. 반면, 무역에 대한 규제는 그것을 불쾌할 정도로 저급한 수준으로 떨어뜨린다"고 말했다.[110] 섀프츠베리의 주장에 따르면, 희극과 위트는 공히 경제적 함의와 더불어 정치적 함의를 지닌다. 관대하고, 넉넉하고, 격의 없는 특질을 통해 그 둘은 전제적이고 권위주의적인 것들을 전복할 수 있다.

웃음에 관한 홉스의 추측이 보다 일반적인 관점을 반영한 것이라고는 해도, 그에 대한 프랜시스 허치슨의 응수 역시 마찬가지였다. 허치슨은 홉스의 견해를 따르면 '인지상정, 친절한 본능, 공통 감각sensus communis, 예의범절, 고귀한 인품 같은 오랜 통념에' 호소하기가 불가능해진다고 불만을 제기했다. 오히려 모든 것이 이기심의 문제이므로 '웃음 자체도 동일한 원천에서 나온 즐거움일 수밖에 없다'는 견해를 폈다.[111] 허치슨은 사익 추구가 인간 행동의 근원에 자리한다는 관점에 분개하면서, 대신에 인간 행위에 대한 덜 냉혹한 관념을 강력히 옹호했다. 그는 '인간은 아무 이유가 없는 듯한, 그리고 사심이 없는 듯한 선행을 크게 인정한다'고 서술했다.[112] 그는 "비록 이 세상에서 가장 동떨어진 부분에 있다고 하더라도, 사랑과 인도주의, 고마움, 자비, 타인의 선행에 대한 관찰, 타인의 행복에서 느끼는 기쁨에서 우러나온 듯한 행동이 눈앞에 펼쳐지자마자 우리는 자기 안에서 기쁨을 느끼고, 사랑스러운 행동에 감탄하고, 그 행위를 행한 장본인에게 찬사를 보낸다"고 말했다.[113] 이기심을 옹호하는 자들은 결코 '우정, 감사, 인지상정, 관대함, 공공심, 자비의 소임 같은 인간적인 삶을 구성하는 주된 행위들'을 설명하지 못한다는 것이다.[114] 허치슨의 희극에 대한 접근법은 그 기저에 인간 본성에 대한 현저히 낙천적인 시각이 깔려 있었다. 특히나 얼스터의 장로파 목사인 점을 생각하면 말이다. 그가 남긴 저술은 모두 철학적 이기주의에 대한 측면 공격이었다. 니체나 도스토옙스키 같은 후대의 사상가들이 아주 중요하게 여겼던 '샤덴프로이데'의 개념은 다정하고 순진무구한 허치슨의 윤리학에서는 발도 붙일 수 없다. 허치슨은 우리의 정신이 '보편 선, 온유함, 인도주의, 관대함, 사유재에 대한 경멸에' 강한 편견을 보인다고 주장했다.[115] 그가 보기에는 '적당한 웃음 덕분에 한층 분위기가 사는 즐거운 대화를 만끽하는 동안 자각하듯이, 그처럼 기분 좋고 순수하고 온화하고 편안한 마음 상태가 되게끔 해주는 사람에 대한 내밀한 승인과 고마움을 불러일으키는 유쾌함에 대한 경향성, 남을 웃게 만드는 데서 오는 즐거움'이 덕에 포함됐다.[116] 이제 교회보다는 다이닝 클럽이 하느님의 나라의 전령이 되고, 덕과 감각적 쾌락이 긴밀하게 뒤얽히면서 자애는 일종의 생생한 육체적 쾌락이 됐다. 인간은 신선하고 맛 좋은 새우 요리를 보고 입맛을 다시듯이 친절한 행위의 유쾌함을 만끽하는 것이다.

자신감에 차 있는 신흥 중산층의 명랑 쾌활한 헬레니즘 안에서는 자애로운 시민과 인생을 즐기는 자를 구별하기가 점점 더 어려워졌다. 허치슨과 마찬가지로 아일랜드인인 로런스 스턴은 티퍼레리 출신으로서, 선행의 '영예로운 욕망'에 대해 이야기했다. 덕은 이타적이고, 무익하고, 만족스럽고, 특별한 이유가 없다. 자기 잇속만 챙기는 온갖 계산 너머에 있으며, 심미적인 것들과 마찬가지로 그 자체가 보상이 된다. 이 모든 측면들은 시장 합리성과 불화하며, 그 어떤 것도 오롯이 자기 쾌락을 위해서는 존재할 수 없는 사회질서에 대한 모욕이다. 덕에 대한 이러한 태도와 방식은 모든 청교도적 자기 억압의 적이 되는 바, 웃음은 그러한 덕의 외부 징표다. 이때의 웃음은 언어학자들이 '교감적phatic'이라고 일컫는 발언의 일종이다. 이는 소통 행위 자체에 중점을 둔 발화라는 뜻이다. 어떤 사람은 이런저런 것 때문에 웃는 것이 아니라 타인이 곁에 있어서 기쁘고, 자신이 타인을 해칠 의도가 전혀 없다는 사실을—이를 테면, 그 사람의 성격이나 외모에 대해서 잔인할 만큼 솔직한 비판을 할 생각이 전혀 없다는 사실을—보여주기 위해서 웃는다. 반면에 또 어떤 사람은 결과적으로 이러한 우호적인 행위에 고무되어서 웃기도 하지만, 동일한 우호의 메시지를 전달하려는 목적으로 웃기도 한다. 우리는 타인을 즐겁게 해주는 데서 쾌감을 얻기도 하지만, 그 사람에게 호의를 품고 있으며 그가 즐겁기를 바란다는 사실을 보여주는 데서 즐거움을 얻기도 한다. 우리의 좋은 유머에 기뻐하는 타인의 반응, 그리고 좋은 기분을 느끼고 싶어 하는 타인의 유사한 욕망에 의해 커지는 기쁨이다. 따라서 상호적인 웃음은 자기 발전 과정에 따라 상호성을 한층 더 키우는 경향을 보이게 된다. 실제로 이런 종류의 사회적 윤활유 역할은 웃음의 가장 보편적인 기능이며, 농담보다 더 탁월한 부분이기도 하다.[117] 따라서 사회학자들도 이야기하듯이 좋은 유머는 그냥 유머보다 더욱 구석구석 스며든다. 유머는 대상이 필요한 반면, 웃음은 그저 다른 사람과 함께 있는 데서 오는 즐거움만으로도 나올 수 있으므로 대상이 불필요하다고 수잔 랭거Susanne Langer는 지적한다.[118] 쿤데라는《웃음과 망각의 책》에서 이러한 견해와 다소 유사한 입장에서 서술하기를, 대상이 없는 웃음, '존재를 누리고 기뻐한다는 표현'이 존재한다고 했다. 희극의 관객들이 폭소를 터뜨릴 때 그들은 무대 위에서 벌어지고 있는 상황에 반응하는 것인 동시에, 관객 저마다의 유쾌함에 반응하는 것이기도 하다. 소리의 연대와 그것이 자아내는 일시적인 동지애를 즐기는 것이다. 프로이트가 말하는 익살, 즉 그저 장난스러운 말장난 같은 것이 바로 이런 종류의 희극이다. 다만, 숨은 동기를 연료 삼아 작동되는 농담은 그렇지 않다고 프로이트는 봤다.

허치슨이 보기에 유머는 겸양에서 나오는 게 아니라, 보다

정확히 말하자면, 기세등등한 태도의 내부 파열에서—잔뜩 부풀어 오른 과장된 위엄에 흠집을 내는 것, 강력한 것들을 몰락시키는 것에서—나오는 것이다. 그것은 '평범한 우정의 가장 사소한 유대 가운데 그 어떤 것도' 대변하지 않는다.[119] 하느님 나라의 영원한 축제 분위기를 이승에서 맛보는 셈이다. 그런데 장차 감각적 충만함이 채워지는 세계를 예비하고 있기는 하되, 교회와 마찬가지로 유머 역시 그전까지 고독과 소원함이 자리했던 곳에 화합을 창출해냄으로써 그러한 세계에 이르기 위한 수단이다. 허치슨은 좋은 농담만큼 즉각적인 소통력을 지닌 것은 없다고 말했다. 농담은 이제 일련의 모든 우호적 사회관계를 상징하는 메타포로서, 속속들이 정치적인 발언이 된다. 성스러운 카리타스caritas의 세속적 형태이기는 하나, 좀 더 다정한 사회의 원형이기도 하다. 로런스 스턴이 환기하듯이, 이 세계는 배가 불룩할 정도로 익살을 가득 품고 있다. 스턴의 문학예술은 그러한 익살이 세상에 나올 수 있게끔 도와준 수많은 산파들 가운데 하나다. 허치슨 같은 작가가 보기에 지구라는 배불뚝이 행성이 산고를 겪으면서 출산하려고 하는 것은 동지애가 더욱 살아 있는 사회질서다. 사교 클럽이나 저녁 식사 자리가 의미하는 바는 다름 아닌 자유롭고 평등한 시민들의 공화국이다.《트리스트럼 샌디》 4권에서 스턴은 '왁자지껄 웃고 있는 신민들의 왕국'을 건설하고자 하는 본인의 야심을 풀어놓는다. 다 함께 웃는 것은 정신적 성찬식(교감)이자 육체적 성찬식(교감)이다. 잔치 음식이 가장 근접한 비유일 것이다. 육체적·정신적 합일이라는 점에서 웃음은 데카르트 이원론의 반증이며, 이러한 호혜성은 자기 쾌락 외에는 아무런 의미가 없다. 그리고 바로 이 부분에서 웃음은 예술과 모종의 밀접한 관련성을 보인다. 이런 종류의 유머는 도구적 합리성에 대한 암묵적 비판이다. 그것은 순수한 접촉의 기쁨 때문에 존재한다.

허치슨의 교구민들이 전부 다 그의 진보적인 시각에 도취되지는 않았다. 그 목사의 관대한 설교 때문에 일주일치 분량의 지옥불을 뺏겨서 심기가 불편했던 한 신도는 허치슨을 두고 1시간 내내 신도들에게 선택election과 유기reprobation, 원죄와 죽음 같은 익숙하고 오래된 옛 교리에 대해서는 입도 뻥긋 하지 않으면서, 선하고 자애로운 하느님에 대해서만 주절거린 '바보 얼간이'라고 표현했다. 그 남성이 오늘날에는 거의 무명에 가까운 사람이 됐다는 사실은 다소 충격적인 측면이 있다. 스코틀랜드 철학의 아버지였던 그는 데이비드 흄에게 자신이 알고 있는 것을 상당 부분 가르쳤고, 임마누엘 칸트의 초기 저작들에 심대한 영향을 미친 사상가였다. 제자인 애덤 스미스의 손을 통해서 그의 경제 사상은 근대 세계의 기반을 다지는 데 일조하기도 했다. 피압박민들이 부당한 통치 권력을 전복할 권리가 있다는 급진적인 노선을 취했던 그는 뼛속까지 공화주의자였다. 그는 토머스 제퍼슨Thomas Jefferson에게도 중대한 영향을 끼친 인물이었기에, 미국 독립 혁명의 가장 중요한 지적 행위자이기도 했다. 이후 그의 사상 가운데 일부는 아일랜드인연합의 반란 선언이라는 형태로 그의 조국인 아일랜드로 역수입됐다. 그는 여성, 아동, 하인, 노예, 동물의 권리를 옹호하며 싸웠고, 평등한 동반자 관계로서의 결혼 생활을 강력히 지지했으며, 가부장적 권력을 맹비난했다. 글래스고에서는 이단죄로 재판을 받았고, 비서양권 문화에 대해서 놀라울 정도로 깨어 있는 자세를 보였다. 그는 심지어 이방인들을 위해서도 목소리를 냈다.

자애의 숭배는 무사통과하는 데 실패했다. 유머가 바른 생활의 상像이라면, 덕은 반드시 웃음만큼이나 즉흥적이고 자발적이어야 하는데, 이 경우 그것이 어찌 공과功過의 문제가 될 수 있겠는가? 선善은 본능적인 것이 된다. 그것 때문에 사랑받을 수는 있으나, 그것으로 칭찬받을 수는 없다. 게다가 이렇게 되면 올바른 행동이 일종의 변덕이나 기행으로 축소

되지 않는가? 인간은 그저 그러고 싶은 마음이 들면 자비로 워지는가? 이런 견해에 따르면, 우리는 불구덩이에서 손가락을 빼내지 않을 수 없듯이, 가시거리 내에 있는 하마를 보고 그 존재를 알아차리지 않을 수 없듯이, 타인에게 공감하지 않을 수 없고 타인을 동정하지 않을 수 없게 된다. 어떤 평론가는 "곤경에 처한 대상을 단지 보기만 했는데도 갑작스런 연민의 충동이 이는 것은 통풍 발작이 아니듯이 자애도 아니다"라고 신랄하게 표현했다.[120] 도덕성의 주관화에는 위험성이 내포되어 있다. 당대의 도덕적 전통주의자들이 매우 경계한 것도 바로 그 부분이었다. 존 호킨스 경Sir John Hawkins 은 냉소적으로 '(감상주의자들의) 관대한 관념이 모든 의무를 대체한다. 다시 말해, 그들은 관습을 무시하고 내가 곧 법이라는 식으로 제멋대로 군다. 상냥한 마음을 지니는 것, 따스한 인정이 흘러넘치는 것은 의무감에 기반한 행동 규칙에 인간을 묶어두는 고려 사항들보다 우위에 있다'라고 썼다.[121] 이후 새뮤얼 테일러 콜리지Samuel Taylor Coleridge는《성찰에의 도움Aids to Reflection》에서 말하기를, 스턴이 자행한 해악과 그를 따르는 감상주의 신봉자들은 홉스와 유물론 학파가 저지른 모든 악행보다도 그 죄의 무게가 더욱 무겁다고 했다. 자애는 인정했지만, 감상주의는 싫어했던 골드스미스의 생각도 매한가지였다. 그는 진정한 아량이란 법적 효력이 있는 도덕적 의무, 즉 마음이 동할 때 벌어지는 일이기보다는 이성에 따라 부과된 규칙이라고 주장했다.[122] 이러한 지적은 '카리타스' 내지는 '아가페'적인 사랑은 감정과 거의 무관하다는 신약성서의 입장과 동일선상에 있다. 이러한 사랑의 전형은 친구나 가족 구성원에 대한 사랑이 아니라, 이방인과 적에 대한 사랑이다. 하지만 어떤 경우가 됐건 간에 사회이념으로서의 자애는 살아남지 못하고 말았다. 산업자본주의와 제국주의 전쟁이 한창이던 때, 진화의 후기 단계에 이른 유럽의 중산층은 인간 본성에 관하여 다소 명랑함과 활기가 떨어지는 해석을 내놓았다. 프로이트가 쓴 농담 책이 전형적인 예다. 그의 저작이 대부분 그러하듯이 그 책 역시 어떤 의미에서 보자면 홉스의 인간상으로 회귀했다.

대략적으로 말하자면 좋은 유머는 미소를 자아내는 데 반해, 감상주의는 그 미소를 눈물과 섞는, 그렇기에 다소 피학적인 작업이다. 인간의 역경과 고난에는 적당히 기분 좋은 파토스가 존재한다. 18세기 미학자의 입장에서 표현하자면, 숭고함의 경험에는 무너져 내리고 압도당한다는 생각에 기인한 황홀감이 내포되어 있다. 자신의 뛰어난 감수성에 만족한 감상주의자들은 그것을 마치 정서적 상품처럼 과시했다. 자애와 공감적 상상력은 자기 자신을 초월하여 그 너머로 밀어내는 원심성이 있는 반면, 감상주의는 자신의 기분이나 감각을 사치스럽게 소비하는 은밀하고 구심적이고 자위본위적인 상태다. 실제로 감상주의는 공감하는 본인의 행동에 공감하는 기만적 나르시시즘이다. '감정의 인간'은 자기 내면을 먹고사는 도덕적인 펠리컨pelican, '먹보, 대식가'라는 뜻도 있음이다. 기쁨이나 고통을 불러일으키는 대상은 그저 그러한 정서를 낳는 구체화된 감정의 원인에 불과하다. 존 멀런 John Mullan의 말마따나, 18세기에는 "특별한 감정 경험의 강렬함이 일반적이고 흔한 동정심을 대체했다".[123] 감상주의는 감정을 하찮게 여기는 사회질서에 과민반응을 보이면서 감정을 맹목석으로 숭배한다. 마르크스가 낭만주의와 공리주의를 동전의 양면으로 봤듯이, 감상주의와 공리주의도 그러하다. 그 시대의 표현대로라면 '감성sensibility'은 일종의 병리학, 즉 지나치게 타고난 신경쇠약의 징표일 수도 있다. 스턴의 《풍류 여정기A Sentimental Journey》에서 요릭은 오르가슴과도 같은 연민의 쾌감을 만끽하려고 고통의 이미지를 떠올린다. 아일랜드 소설가 모건 부인Lady Morgan은 《회고록Memoirs》에서 자신의 '불만족스러운 신체 조직, 뼈대를 순환하며 퍼져나가서 몸 전체를 예민하게 만드는 모든 인상과 느낌에 대한 예민한 감수성'을 한탄한다.[124] 그러나 실상은 그저 본인이 얼마나 자비로운 사람인지 자랑하는 것일 뿐이다. 극빈자들과 장애인들은 박애를 실천할 수 있도록 하늘이 준 기회였다. 윌리엄 블레이크William Blake도 인정하듯이, 대체로 연민이나 동정은 재앙이 이미 닥쳤으나 정말이지 할 수 있는 일이라고는 한탄밖에 없다는 사실을 암시한다.

이러한 감상주의의 흐름은 19세기로 이어진다. 앞서 18세기 문화에서는 자애로운 것과 감상적인 것 간에—말하자면, 필딩과 스틸 간에, 또는 골드스미스와 스턴 간에—차이가 있다는 점을 살펴봤다. 그런데 디킨스는 둘 중 하나가 없으면 나머지 하나도 성립하기 어려워진다고 봤다. 헨리 필딩은 덕에도 터무니없는 측면들이 있음을 인정하고, 현실적으로는 어리석은 짓과 나쁜 짓이 훨씬 더 만연하는 것은 아닌지 의심하면서도, 덕이 인간에게는 자연스러운 것이라고 확신했다. 반면, 디킨스의 감성에는 이 같은 도덕적 기운이 거의 없다. 소설가로서 디킨스의 전형적인 특징 가운데 하나는 감상적인 것과 그로테스크한 것, 즉 방향성이 정반대인 두 가지 문학 양식의 독특한 혼합이다. 감상성이 연민, 파토스, 민감함 같은 주류 정서를 다룬다면, 그로테스크한 것은 기이한 것, 일탈적인 것, 색다른 것을 취급한다. 디킨스의 소설들은 이따금 순수한 호감을 불러일으키기도 하는 별종들이 유발하는 눈물과 반짝이는 행복감을 뒤섞는다.

디킨스의 인물들 가운데 상당수는 근대적 의미에서는 물론이고 중세적 의미에서도 유머러스하다. 다시 말해 배꼽 빠지게 웃긴다는 점에서 희극적인 동시에, 그 인물들 자체의 두드러진 특이성 때문에 희극적이기도 하다. 그러한 기벽은 그저 웃기지만은 않다. 재미있는 만큼 우려스럽기도 하다. 디킨스의 별종들은 통제가 안 되고, 강박적이고, 병적으로 반복하는 고유한 기질이라는 '구속복'에 꽁꽁 묶여 있는 경향이 있다. 즉 자유롭게 있는 그대로 존재하기는 하나, 자기만의 고유한 특이성의 노예가 되고 만, 그 자신의 굽힐 줄 모르는 성격의 포로다. 디킨스의 소설 속 인물들 중에는 남들과 함께 있을 때는 자신의 정체성을 꽁꽁 숨긴 채로, 거리 공연을 하듯이 온통 가면을 씌우고 포장을 한 자아를 연기하는 인물들도 물론 있기는 하다. 그런데 그런 인물들과는 대조적으로 디킨스의 별종들은 '발연기'로 유명한 배우들이기에, 자신의 본래 모습에서 이탈하지 못하고, 감방에 갇힌 종신형 재소자 마냥 자아에 갇혀 있는 경향이 있다. 별종들은 사회 규범에서 벗어나기는 하나, 그들의 행동은 증기기관의 작동 방식만큼이나 예측 가능하다. 이들의 기벽은 불안을 자아낼 정도로 광기나 기괴함에 근접할 수도 있고, 아니면 단순히 섬뜩한 유형의 에고이즘(이기주의)에 가까울 수도 있다. 원자화된 사회질서 내에서 인간은 자기만의 밀폐된 공간, 불분명하거나 기이한 소통 방식, 그저 특이함이 서로 맞물려 움직이는 것만으로도 대체로 충분한 관계에 관심을 쏟는다. 말은 걸음걸이나 입의 비틀림처럼 개인의 보다 변화무쌍한 특질보다는 덜 명료하고, 자기 노출도 덜하다. 구슬리는 징징거림, 막돼먹은 웅얼거림, 속사포처럼 쏟아내는 말, 경건한 척하는 위선적인 말, 되는 대로 내뱉는 장광설 등 인물들마다 트레이드마크가 되는 특징이 있다. 애디슨과 허치슨이 그토록 귀하게 여겼던 '공통 감각'은 그릇된 개인주의로 해체되고 만다. 역설적이게도 이제는 그러한 개인주의가 전체 세태를 대변하게 됐다. 몇 해 전, 한 옥스퍼드 교수가 어깨에 앵무새 한 마리를 앉히고는 펍에 서 있었다. 그가 관습을 깨부순 자기 모습을 즐기면서도, 그 새가 셔츠 앞섶에 똥을 싸지나 않을까 하는 두려움 때문에 즐거움이 다소 줄어들었음은 누가 봐도 분명했다.

《니컬러스 니클비》의 치어리블 형제나 《마틴 처즐위트》의

마크 태플리의 경우처럼, 덕 자체가 그저 또 다른 유머일 뿐
이라면 어떻게 되는가? 다정함은 단지 사사로운 개인의 변
덕스러운 기분에 지나지 않는 것인가? 감상주의도 대체로
사회적 차원에서 벗어나 황급히 가정의 무대로 퇴각했다. 스
틸이나 버크의 주장과 마찬가지로, 이제 가정은 더 이상 공
적 영역의 축소판이 아니었다. 오히려 공적 영역으로부터의
은신처가 된다.《위대한 유산》에 나오는 해자를 두른 요새나
다름없는 웨믹의 교외 집처럼 말이다. 축제 정신은 살아남지
만, 대부분 사유화된다. 픽윅 같은 관대한 마음은 사회적 효
용성이 갈수록 떨어진다. 그러다가 존 잔다이스John Jarndyce
의《황폐한 집Bleak House》에 이를 즈음이면, 반짝이는 두 눈
에 볼이 통통한 엉뚱한 치어리블 형제의 자선 활동은 확실히
더욱 조용한 방식의 자애로 축소된다. 거친 현실 세계에서
떨어져 나온 감정은 내면으로 내몰리고, 기껏해야 방종함으
로, 최악의 경우에는 병적인 상태로 나아간다.

그럼에도 불구하고 디킨스의 소설은 제아무리 사악하고
불온하더라도 인간의 기벽을 계속해서 너그러이 지켜본다.
그리고 이 같은 태도는 영국의 주류 희극 예술에서 그 존재
를 인정받게 된다. 만약 (기이하다는 의미에서) 웃기는 것과 관
련하여 뭔가 (희극적이라는 의미에서) 웃기는 것이 존재한다면,

그것은 일탈이 부조화를 유발하기 때문이다. 이런 식의 다정한 관용에는 정치적 맥락이 있다. 제임스 비티는《시와 음악에 대한 논고》에서 유머는 특이함을 즐기는데, 그러한 기질의 특이성은 자유국가에서 가장 활발하게 꽃을 피운다는 입장을 견지했다. 비티의 주장에 따르면, 전제정치는 다양성과 그에 따른 특이성을 파괴한다. 비전제적인 사회에서는 개인들이 각자 고유하고 독특한 길을 가는 것이 허용되는데, 바로 이러한 독자성이 희극에 도움이 된다는 것이다. 그런데 인간들이 한마을에 떼 지어 모여 살게 되면, 보다 획일적인 생활양식이 강요되면서 그전까지만 해도 선뜻 받아들여졌던 기벽들이 사라지고 만다. 따라서 희극은 도시적이라기보다는 시골적이다. 다시 말해, 복잡한 사교 활동으로부터 멀찍이 떨어져 있는 사람들의 정신이다. 하지만 비티는 이런 주장을 펼치다가도 이내 '야만인들'은 웃음에 빠지는 일이 거의 없고, 위트는 비티 본인이 속한 사회처럼 오직 문명화된 군주제라는 설정 안에서만 사교 무대에 제 모습을 드러낸다고 주장했다. 그런 체제는 평화를 공고히 하기에, 개인들이 사적인 용무는 물론이고, 꾸준히 유머를 실천할 수 있을 정도로 충분한 안심감을 제공한다는 것이다. 따라서 왕과 왕비는 희극에 없어서는 안 될 요소처럼 보인다. 게다가 그런 사회에서는 모든 계층의 사람들이 공적 영역에서 자유로이 서로 섞일 수 있고, 바로 이를 통해 위트와 사교적 언행, 정중함이 길러지게 된다.

비티가 이야기하는 이상적인 사회질서는 신사들은 대도시의 커피 하우스에서 넘치는 재기를 뽐내고, 서민들은 시골 황무지에서 매력적인 특이성을 내보이는 사회인 듯하다. 희극에 불리하다면서 전제국가를 맹비난했던 비티의 목소리는 200년이 흐른 뒤 해럴드 니컬슨Harold Nicolson을 통해 되살아난다. 니컬슨은《영국인의 유머 감각The English Sense of Humour》이라는 책에서 '유머 감각은 전체주의 사회나 계급이 없는 사회, 또는 혁명이 진행 중인 사회에서는 꽃을 피울 수 없다'라는 사실을 독자들에게 알려줬다.[125] 사실상 니컬슨의 이러한 주장은 말장난이나 재담의 숨통을 끊어놓을 수도 있는 극단적인 부富의 불평등 철폐에 대한 유력한 반론이다. 좌파들이 통감하고 명심해야 할 주장인 것이다. 누군가가 자본주의와 더불어 웃음까지 타파한다면 어찌 되겠는가? 니컬슨은 '불쾌하고' 신랄하고, 냉소적이고, 폭로적인 프롤레타리아 계급의 유머는 논의의 대상에서 철저하게 배제할 작정이라고 말했다. 다만, 영국인들은 사회 계급에 상관없이 누구나 같은 것을 보고 웃는다는, 다소 모순된 주장을 펴기는 했다. 그렇기는 해도 "유산계급은 (…) 런던 토박이의 유머를 아주 적극적으로 활발하게 즐기며, 애정을 가지고 대한다" 고 지적할 만큼 니컬슨은 마음이 넓은 사람이었다.[126] 니컬슨의 주장에 따르면, 영국식 유머의 특징은 관용, 친절, 연민, 자비, 상냥함, 애정, 수줍음, 겸양이다. 영국인들과 마찬가지로 영국식 유머 역시 지식인들과 극단주의자들을 모두 의심의 눈초리로 바라본다. 최고의 영국식 유머는 장난스럽고, 어린애 같고, 위안이 되고, 마음을 상하게 하지 않는 유머다. 니컬슨이 지금 살아 있다면 아마 세라 실버먼Sarah Silverman 의 열성팬이 되지 않았을까?

스턴이나 디킨스 같은 작가들이 보기에 유머는 동지애를 키우고, 특이한 것과 이국적인 것을 즐기는 방법인 동시에, 다른 무엇보다도 특히 가혹한 세상과 거리를 유지하는 방법이기도 했다. 스턴의 '샌디 홀'은 괴짜들, 미치광이들, 심리적 불구자들이 사는 고인 물처럼 침체된 벽촌으로, 엉망진창이 된 계획, 발기 불능, 그로테스크한 불운의 영역이었다. 그곳에서 웃음은 여차하면 언제든지 쓸 수 있는 몇 안 되는 방어, 보상, 초월의 방식 가운데 하나였다. 스턴의 글 자체도 그러한 방식에 속하는 바, 그토록 불모의 조건하에서도 계속해서 뻗어나갔다. 스턴의 작품처럼 대단히 훌륭한 소설들을 탄생시킬 수 있다면, 인간이라는 종의 상태가 보이는 것만큼 그렇게 끔찍하고 지독할 리가 없을 것이다. 그 같은 재앙을 아주 재미나게 그리는 것이 바로 그런 재앙을 극복하는 방식이다. 디킨스 역시 인간의 비참함이 담긴 장면들(이를 테면《니컬러스 니클비》의 '두더보이스 홀'이나 페이긴의 지저분한 소굴)을 묘사할 때 그 비참함을 초월하는 희극적 활력과 열정을 보여줬다. 다만, 스턴은 전반적인 생활양식으로서 웃음을 옹호하기는 했지만, 그것은 어디까지나 주로 주변에서 발생하는 인간 사회의 대혼란을 막아주는 예방책으로서였다. 매슈 베비스는 농담의 깔끔함이야말로 인간 유한성의 불결함을 메워준다고 말했다.[127]

영국인들은 다루기 힘들고 비순응적인 유형들, 디킨스의 별종들처럼 자기 자신 말고는 어떠한 법도 인정하지 않는 인간들에 늘 애정을 느꼈다. 이 같은 유형들은 자유인으로 태어난 영국인 남성을 풍자한 캐리커처들이었다. 바지춤에 흰담비를 찔러 넣는다거나, 새끼 코뿔소를 타고 출근하는 사람들이 영국 왕실로부터 작위를 받는 것은 어쩌면 당연한 일이었다. 분명 영국인들이 귀족을 사랑하는 이유 가운데 하나는 바로 이 때문일 것이다. 즉 귀족들은 타고난 무정부주의자들이기에 영국인들의 사랑을 받는 것이다. 규칙을 설정한 장본인인 귀족들은 자신들이 만든 규칙에 구속될 이유가 전혀 없다. 이들은 화려한 지위와 방약무인의 태도를 결합했다. 절대적인 권력은 규제나 통제를 전혀 용납하지 않는 난봉꾼이나 다름없다. 중산층은 소심하게 사회적 형식을 고수하는 반면, 상류층은 아무 거리낌 없이 규율을 무시하고 제멋대로 굴면서 본인들의 특권을 똑똑히 보여준다. 이처럼 귀족들은 스스로 우위에 있게끔 설정된 법의 테두리 밖에 있다는 점에서 범죄자와 비슷하다. 다만, 범죄자는 경찰을 증오하지만, 신사는 경찰을 무시한다. 평판이 썩 좋지 않았던 에블린 워의 패거리 중 한 명이었던 브라이언 하워드Brian Howard는 영업시간이 끝난 뒤에도 음주 클럽에 있다가 단속에 걸리고 말았다. 한 경찰관이 그에게 이름과 주소를 묻자 그는 이렇게 답했다고 전해진다. "내 이름은 브라이언 하워드이고, 버클리 광장에 삽니다. 그런데, 당신, 경위 양반은 추측컨대 을씨년스러운 어느 작은 교외 지역 출신인 것 같구려."

그런데 리어왕과 그의 광대처럼 지위가 높은 사람과 낮은 사람 간에는 은밀한 친밀감이 존재한다. 민간의 전승 문화에서 분명히 볼 수 있듯이, 왕과 거지는 대번에 그 역할이 뒤집힐 수 있다. 지주는 프티부르주아인 사냥터지기보다는 밀렵

꾼과의 유대감이 더 끈끈하다. 잃을 게 전혀 없는 자들은 그들 위에 군림하는 자들만큼이나 그 나름대로는 위험할 수 있다. 우리가 폴스타프나 토비 벨치 경을 보면서 즐거워하는 것은 바로 될 대로 되라는 식의 천하태평함 때문이다. 왕국의 기사라는 신분이 이들의 망나니짓에 한층 묘미를 더한다. 이들이 아랫것들과 그렇게 어울릴 수 있는 것은 계급 질서의 꼭대기에 앉아 있는 자들에게는 위계라는 것이 별 의미가 없기 때문이다. 사회적 차별을 질투의 눈초리로 바라보는 인물은 다름 아닌 이 세계의 하층 중산계급인 말볼리오다. "나는 나만큼이나 훌륭한 나 자신을 유폐하려 한다"라는 벨치 경의 선언은 영국의 자유지상주의자로서 하는 말로, 자기 땅 2에이커를 완강하게 지켜냄으로써 성부의 신공항 건설 계획을 무산시키는 모든 인색한 유형들의 심금을 울렸다. 자유인으로 태어난 영국인 남성에게 자유란 활기차고 진취적인 삶 또는 야심찬 자기계발 계획에 있지 않다. 그 자유란 자기 자신으로 존재할 자유다. 그것은 혼자 남을 자유—그리하여 구속받지 않는 뭔가 굉장한 목표를 추구하려는 게 아니라, 하릴없이 자기 집 정원 주변에서 빈둥거리거나 넬슨 경의 석고상을 수집할 수 있게 되는 것—다. 영국인들은 서로를 피하기 위해서라면, 또는 같은 곳에 살고 있는 지역민들이 실제로는 거기 없는 것처럼 굴 수만 있다면 어떤 고생도 마다하지 않는다. 영국인들의 유명한 과묵함은 동료 시민들에 대한 적개심이라기보다는 오히려 상관하지 않고 그들을 그냥 내버려두려는 집요한 투지다. 일단 내부의 성소로 들어가기만 하면, 그들은 수다쟁이가 되고도 남는다.

무모하고 허랑방탕한 귀족의 전통은 바이런에 이르러 절정에 달했다. 바이런의 경우 정치적 이견과 성적 모험주의, 극악무도하다는 평판을 구분하기가 힘들다. 명문가 출신인 셸리 역시 그 같은 귀족적 반역자 가운데 한 사람이었다. 그리고 프리드리히 니체의 뒤를 이어 새로운 유형의 영적 귀족들이 탄생하는데, 영국계 아일랜드 혈통인 와일드와 예이츠가 가장 대표적인 인물들이다. 아일랜드에서 이들의 출신 계층은 허세를 떨며 액션 활극을 펼치는 무모한 패거리, 허랑방탕하고, 혼령에 시달리며, 술을 퍼마시고, 지나칠 정도로 자기 파괴적인 것으로 유명했다. 예이츠의 대단한 매력을 반감시킨 측면이기도 한 과시하듯 으스대는 태도에 사로잡혔던 그들은 정신이상자가 아닌가 싶을 정도로 별종들이었다. 한 주교는 고딕 소설가이자 성직자였던 찰스 매튜린Charles Maturin이 숨 고를 틈도 없이 광분해서 춤을 추는 것을 금지했다. 반면, 19세기에는 더블린 대주교가 속박에서 훌쩍 벗어나 주교궁 앞에서 파이프 담배를 피우는 모습이 종종 목격되기도 했다. 더블린의 트리니티 칼리지에 재직하면서 오스카 와일드의 지도 교수이기도 했던 존 펜틀런드 머해피John Pentland Mahaffy는 호피로 만든 러그 한 장만 덜렁 깔려 있는 성직자들로 꽉 찬 방에 슬쩍 들어간 적이 있었다. 거칠고 사악했던 그 노인은 가끔 자기 모습을 보고 싶어 했던 예이츠처럼, 상인들과 성직자들의 단조로운 세계와 대비되는 미치광이처럼 날뛰는 다채로운 소작농 무리의 팔짱을 꼈다. 사회 관습은 장사꾼과 프티부르주아(소시민) 영국인들을 대상으로 한 것이다. 와일드의 경우, 겉멋 들고 비실비실한 영국계 아일랜드인이 어둡고 칙칙한 중산층의 도덕주의에 대항하는 데 힘을 보탰다.

샬럿 브론테Charlotte Brontë가 장차 제인 에어를 유혹할 남자의 이름을 방탕하기로 유명했던 17세기의 난봉꾼 이름을 따서 '로체스터'라고 지을 때 염두에 뒀던 것은 다름 아닌 바로 이러한 상류층 불한당들의 계보였다. 브론테의 영웅은 사악함에도 '불구하고'가 아니라, 사악함 '때문에' 마음을 끄는 악마 같은 문학 캐릭터들이 거하는 신전에서 한 자리를 꿰차고 있다. 《제인 에어》의 로체스터는 고결한 여성의 사랑 덕분에 마침내 죄악으로부터 구원받았다. 그런데 새뮤얼 리처드슨은 소설 《클라리사Clarissa》에서 악랄한 러브레이스에게 그와 같은 자비를 전혀 베풀지 않았다. 고딕 소설의 장엄함은 대체로 유혹적이기보다는 약탈적이다. 성적인 것과 마찬가지로 상류층도 매력적인 동시에 불안한 존재들이다. 사람들은 상류층의 무심한 태도를 즐기는 것이지, 그 근원에 자리한 오만함을 즐기는 것이 아니다.

중산층의 진지함에 대항하는 운동의 주된 무기는 위트, 다시 말해 수고를 들일 필요가 없기에 상류층 베짱이들에게는 더할 나위 없이 적합한 희극 양식인 즉흥 유머다. 물론 다른 형태의 위트들도 분명 존재하기는 하지만, 특히 영국 문화에서는 즉흥적인 방식의 위트가 두드러진다. 위트는 세련되고 우아한 동시에 악랄하고 잔인할 수 있기 때문에 신사의 멋과 오만함을 한데 버무려낸다. 타인에 대한 혐오감을 말장난과 지적인 재간으로 승화하는 것처럼 점잖게 폭력의 방식을 대변할 수도 있다. 이처럼 위트는 사회적으로 용인 가능한 형태로 내부자들에 대한 반감을 터뜨리는 동시에 내부자들이 자신의 기교에 감탄하도록 만드는 데 열심인, 오스카 와일드 같은 야심찬 외부자에게는 편리한 담론 방식이다. 인간은 투박하고 직설적인 전술이 아니라 우월한 인격의 힘을 통해 타인을 지배한다. 어쩌면 재담의 언어적 절묘함은 피해자 혼자의 힘으로는 불가능할, 화자가 만들어내는 감각의 반영인지도 모른다. 그 어떤 영국인 여우 사냥꾼도 사냥 행위를 와일드만큼 제대로 표현하지는 못했으리라('먹지도 못할 것을 쫓는 데서 얻는 이루 형언할 수 없는 희열').

재담이 심술궂거나 얼얼한 아픔을 안길 수도 있지만, 적대감이라는 알약에 균형 잡힌 모양새라는 형식으로 당의를 입힐 수도 있다. 위트는 예측 가능한 것으로부터 짓궂게 일탈함으로써 관습적 기대를 무너뜨리는 유머의 한 방식이다. 그런데 대개의 경우 정치적 투사의 원한이나 부르주아의 엄격함을 보이는 일 없이 가볍고 무심하게 행해진다. 귀족은 사회규범으로부터의 자유를 과시하기는 해도, 그 자신이 누리는 특권의 기반과 더불어 그러한 사회규범들이 삐걱대다가와르르 무너져 내리는 모습을 볼 준비가 되어 있지 않다. 위트는 일종의 경박함일 수는 있으나, 정신의 민첩성을 통해한낱 공허함으로부터 스스로를 구원한다. 진지한 것을 재미있는 것으로 전환함으로써 그 어떤 일에도 진심으로 동요하지 않을 수 있는 영국 신사의 평정심을 내보인다. 인간은 불운에도 면역력이 생기는 법이고, 사업이든 노동이든 무거운 짐을 지지 않는다는 사실을 아는 채로 특권적 위치에서 유쾌하고 차분하게 이 세계를 미학적 현상으로 바라본다. 개그는 간결하게 딱 떨어지거나 효과적인 한 방이 있을 수 있지만, 최고의 재담에는 모종의 느긋한 나른함이 담겨 있다. 느리게 끄는 말투와 말장난은 보다 일반적인 형태의 여가를 반영하는 것일 수도 있다. 실제로 예로부터 영국 귀족들은 너무나도 게으른 나머지 자음조차도 굳이 발음하고 싶어 하지 않을 정도다. 지루하고 싫증나는 일은 근면한 중산층에 위임하면 된다. 그리하여 huntin', shootin' and fishin'_{'사냥과 사격과 낚시'}로 유한계급의 오락을 뜻하며, −ing에서 자음 g가 빠진 축약형을 씀이나 하는 것이다.

위트는 날카로움을 지니기에 레이피어_{rapier, 날이 상대적으로 긴 검으로, 날렵하고 잽싼 찌르기 공격을 상정하고 만들어진 무기}의 찌르기 공격에 비유되기도 한다. 위트는 날쌔고, 맵시 있고, 날씬하고, 날렵하고, 번쩍이고, 번득이고, 눈부시고, 능수능란하고, 날카롭고, 격돌하고, 대담하고 화려하다는 측면에서 레이피어와 같다. 찌르고, 상처를 입힐 수 있다는 점에서도 그러하다. 한 평론가는 위트가 본래 가학적이라고, 즉 '날카롭고, 재바르고, 기민하고, 차갑고, 공격적이고, 적대적'이라고 봤다.[128] 위트와 유사하게 펜싱 역시 침착함과 우아함이 고도로 양식화된 공격 형태와 결합한 스포츠다. 교묘한 동시에 잠재적으로 치명적이다. 번득이는 위트는 찌르기용으로 사용할 수도 있지만, 태평한 모양새로 모욕을 받아넘기면서 슬쩍 쳐내기용으로 쓸 수도 있다. 생각을 밝히는 것과 더불어 이러한 형태의 희극은 검객이 자신의 기량을 증명해 보이듯이 신사로 하여금 본인의 인격을 만천하에 공개할 수 있게끔 해준다. 그리하여 (그가 일을 전혀 하지 않는다는 점을 고려한다면) 얼마 되지 않는 자신의 귀한 성취들 가운데 하나를 내보일 수 있도록 말이다. 그가 전시하는 것은 자신이 일궈낸 상품 또는 노력의 결실이 아니라 바로 자기 자신이다. 노력 따위는 하지 않는다. 와일드의 가장 훌륭한 예술 작품은 그의 삶이었다. 그는 다비드를 빚어낸 미켈란젤로처럼 온 정성을 기울여 섬세하고 꼼꼼하게 자기 인생을 조각했다. 이와는 대조적으로 개그는 보다 비인격적인 희극 양식이다. 따라서 동전처럼 이 손 저 손 거치면서 돌아다닐 수 있다. 반면, 가장 정제된 형태의 날카로운 위트 중에는 그 주인의 인장印章이 새겨져 있는 경우도 있다. 그러한 위트는 반복되기보다는 인용된다.

재담은 적절하게 딱 들어맞는다는 측면에서 자연스러운

것처럼 보일 수 있다. 일단 입 밖에 내는 순간 듣는 이의 귀를 사로잡으면서 부가 설명이 필요 없을 듯한 인상을 남긴다. "그때 떠올랐더라면 좋았을 걸" 하고 나중에서야 무릎을 치게 되는 종류의 담화이기도 하다. (프랑스어에 이런 종류의 후회를 지칭하는 용어가 있다. 'l'esprit d'escalier', 직역하면 '계단의 기지'인데, 방 안에 있을 때 했어야 하는데 방에서 나가는 길에 뒤늦게 생각나는 재치 있는 대꾸를 뜻한다.) 알렉산더 포프가 《비평론Essay on Criticism》에서 위트는 '그것의 진실을 알아내자마자 바로 확신하게 되는 것으로, 자신의 심상心象을 되돌려준다'고 했을 때 염두에 두고 있었던 것 역시 바로 이러한 적절성이다. 그런데 위트의 분명한 자발성과 즉흥성, 정확성이 힘들이지 않고 대번에 승인을 이끌어내는 듯 보이는 탓에 위트에 들어가는 기교나 기술이 가려지는 측면이 있다. 포프가 보기에 위트는 기술에 의해 완벽해지는 본성이다. 캠프를 재미있고, 인위적이고, 이색적이고 대담하며 과장된 것에 대한 사랑[129]으로 규정한 수전 손택Susan Sontag의 정의에 비춰보면, 우리는 분명 다른 무엇보다도 특히 그러한 기교에 가장 감탄한다. 손택이 보기에 그것은 형식을 내용으로, 아이러니를 비극으로 승격시킨다. 모든 것을 인용부호 안에 있는 것으로 보기에 희극적 해석의 반영이라고 할 만하다. 그것은 일탈적이고, 삐딱하고, 풍자적이고, 연극적이고, 특이하다. 위트와 마찬가지로 감정과 공감의 적이다. 감정을 드러내지 않는 건조한 재담의 특질은 희극의 척도에서 '눈물과 반짝이는 행복감'의 정반대쪽 끝에 자리한다.

어떤 의미에서 보자면 이는 위트가 유머의 일종이 아니라 오히려 생활양식일 수 있다는 뜻이기도 하다. 위트 있는 사람은 늘 재치가 넘치는 사람이다. 반면에 개그나 익살은 산발적이고 간헐적인 현상, 즉 현실을 잠시 잊는 단기 휴가다. 농담은 사건인 반면, 위트는 일반적인 기질을 의미할 수도 있다. 농담은 순간적으로 불쑥 나타나지만, 위트는 어느 한군데 거슬리는 구석 없이 일상생활 안에 녹아 있는 것인지도 모른다. 농담은 대체로 픽션이기에 현실과 확실히 대비된다. 반면에, 재담은 대체로 그렇지 않다. 위트 가이나 멋쟁이들은 언어는 물론이고, 자기 삶 자체에 미적 요소를 더한다. 의미와 품위라는 고전적 장식을 더하는데, 이는 결코 전적으로 의무 외 사항이 아니다. 하다못해 소금을 달라고 부탁하는 경우에도 본인의 요청 사항을 경구警句로 표현해야만 받아들여진다. 이런 종류의 위트는 현실을 대하는 일반적인 자세, 즉 세상으로부터 얼마간 분리되어 있고, 호감을 느끼기 힘든 이 세계의 여러 측면들을 인정함으로써 평정심을 잃게 되는 상황을 꺼리는 사람들이 향유하고자 하는 영구적인 가벼운 즐거움이다. 키케로는 웅변술에 관한 논고에서 가시 돋친 짤막한 농담과 그 자체로 전체적인 시각을 엮어내는 유머가 스며든 위트 있는 이야기 또는 아이러니한 이야기를 구별했다.

앤드루 스토트Andrew Stott는 위트가 "의미의 생산에서 기회의 역할을 인식한다"고 주장했다.[130] 대체로 만일의 사태나 미진한 결론에 호의적인 유머의 형태는 아니다. 위트는 아주 정교하게 가공된다. 위트와 간결성이 완전히 따로 노는 셰익스피어의 작품 속 인물을 통해 알게 되듯이, 간결성이 위트의 핵심이라면 그것은 부분적으로 간명함과 경제성이 우아함의 형태인 탓도 있지만, 장황한 프티부르주아와는 대조적으로 남들을 따분하게 만들까 봐 전전긍긍했던 신사들의 공포가 간결성을 자극했기 때문이다. 과녁을 향해 한 치의 오차도 없이 날쌔게 날아가는 창이나 화살처럼 날카로운 위트에 대해서도 'shaft화살, 창을 의미하는 단어. 'a shaft of wit', 즉 '기지가 번득이는 날카로운 발언'이라는 표현으로 사용됨'라는 말을 쓴다.《옥스퍼드 영어사전》에서는 'shaft'를 '번개, 광선'이라고도 정의하는데, 이는 위트의 분명함과 불시성을 포착한 것이다. shaft가 동사일 경우에는 '섹스하다'는 뜻의 속어인 동시에 '패배하다', '혼란스럽게 만들다'는 의미도 된다. 당신은 '위트의 화살shaft'에 '당할be shafted' 수 있다. 재담은 의식적인 언어 수행이되 표현 수단을 최소화한 언어 수행이다. 즉 최소한의 의미 과잉도 치명적일 수 있다는 자각을 바탕으로 단어를 가능한 최소 공간 안에 압축한다. 시詩처럼 모든 언어 단위가 저마다 제 임무를 다 해내야 한다. 억양, 리듬, 울림도 위트의 성공에 필수 요소일 수 있다. 구조가 단단하게 꽉 조여질수록 언어적 낙차, 중의성, 발상의 전환, 문법의 사소한 전위가 더욱더 큰 효과를 발휘한다. 재담의 압축성은 그 어떤 관점의 갑작스런 변화도, 그 어떤 의미의 역전도 두드러지게 만든다. 전자와 관련해서는 더블린의 위트가 아일랜드 인구조사처럼 느껴졌다는, 즉 나이, 성별, 종교에 따라 나뉜다는 샨 막 레뮌Seán Mac Réamoinn의 지적을 떠올려 볼 수 있다. 의미의 역전과 관련해서도 막 레뮌은 "모든 날씬이의 외부에는 안으로 들어가려고 몸부림치는 뚱뚱이가 있다"고 말함으로써 '모든 뚱뚱이의 내부에는 밖으로 나가려고 몸부림치는 날씬이가 있다'는 클리셰에 변화를 주기도 했다.

당연하게도 때로는 이러한 압축성 때문에 위트의 기능이 두서없는 소통이라는 번거롭고 복잡한 과정을 생략할 수 있는 전지전능한 신의 비매개적, 직관적 앎을 반영한다고 여겨지기도 한다. 매슈 베비스는 농담이 언제나 지나치게 적은 단어로 말하고자 하는 바를 전한다고 주장한다.[131] 따라서 유머의 여러 유형들 가운데 위트보다 더 진실한 것은 없다. 내용물을 간소화하면 수취인의 수고를 덜 수 있는데, 바로 이런 식의 노동 절약성이 재담의 희극적인 힘에 보탬이된다. 우리는 새로운 내용은 물론이고, 정교한 형식에 의해서도 희열을 느낀다. 대부분의 유머 형식과는 비교도 안 될 정도로 우리는 발언의 예술성에서 상당 부분 즐거움을 느낀다. 따라서 재담은 재미를 주려고 특별히 웃길 필요가 없다. 자유와 제약의 상호작용에 따라 언어는 잠시 마음껏 뛰놀 수 있으나, 형식만은 엄격하게 규율되고 조정된다.

위트란 '자주 떠오르기는 하지만 결코 제대로 나오는 법이 없는' 것이라는 포프의 유명한 정의가 있다. 그런데 이러한 정의는 위트를 오직 기표로만 제한함으로써 적합성의 범위 안에 가둬버린다. 완강한 신고전주의자였던 포프가 그런 노선을 취한 것은 당연했다. 포프의 관점에서 보자면, 엄밀히 말해서 그 어떤 새로운 진리도 있을 수 없기 때문이다. 혁신은 대개 그릇되고 헛되다. 정원사가 대지 안에 잠자고 있는 아름다움을 끌어내듯이, 위트는 본성을 개량할 수는 있어도 새로운 통찰력은 전혀 제공하지 못한다. 그 대신 기억에 남을 만한 예리한 용어를 사용하여 이미 알고 있는 것을 상기시켜준다. 발명과 독창성을 덕으로 본 낭만주의자 해즐릿은 위트를 '이해력의 기민한 총명함, 발명의 특별한 절묘함, 정신의 생기'라고 거의 정확하게 표현했다.[132] 메타포와 마찬가지로 위트에도 유희적 측면과 더불어 인지적 측면이 있을 수 있다. 복합적인 농담처럼 어쩌면 위트에도 수수께끼 풀이에 수반되는 가벼운 득의의 감정과 유사한, 이야기의 논지를 파악했다는 데서 오는 갑작스런 지적 쾌감이 포함되어 있을지도 모른다. 일반적으로 놀라움의 요소 또는 깨달음의 순간이 위트의 실행에서 가장 중요하다. 조지 산타야나George Santayana가《미의식The Sense of Beauty》에서 말했듯이, 그것은 '의외의 타당성' 문제다. 매슈 베비스는 "우리가 농담을 이해할 때 나오는 웃음은 승리, 다시 말해서 인지적 기량을 일시적 약점으로부터 구해냈음을 알리는 것이다"라고 평했다.[133] 위트는 특히 어떤 사안에 대한 정신의—처치 곤란한 세상사에 대한 유연하고 창의적인 지성의—소소한 승리를 나타낸다고 볼 수도 있을 것이다. 이는 분명 와일드의 고유한 신념이기도 했다. 와일드의《예술가 비평The Critic as Artist》에서 길버트는 이렇게 말한다. "행동할 때 인간은 꼭두각시다. 그러나 말을 할 때는 시인이다." 행동은 맹목적이고, 결함이 있고, 무지하고, 완고하고, 분별없이 반복되는 본능의 우발성이라는 수렁에 빠진다. 이와는 대조적으로 예술이나 위트는 필요의 왕국에서 나와 자유의 왕국으로 뛰어드는 순간적인 도약을 대변한다. 그 둘은 일상의 아주 지루한 대목들을 어느 정도 보상해준다. 특히나 영국의 가장 오랜 식민지라는 가혹한 환경에서는 말이다.

따라서 위트의 쾌감은 복합적이다. 우리는 형식의 예술성, 연기 솜씨, 간명한 언어의 노동 절약형 경제성, 정신의 무제한적 활동, 내용의 역전과 전복, 기습과 전위, 그것을 '이해했다'는 지적 만족감, 그리고 거기서 나타나는 인격을 동시다발적으로 즐긴다. 재담의 이면에 도사리고 있을지도 모르는 악의, 오만, 경멸은 모종의 대리 발산을 허용한다. 순간적으로 잠시 당황하는 위트의 타깃을 보면서는 가학적 쾌감을 얻기도 한다. 그런데 지금껏 검토해본 위트의 형태가 유달리 귀족적이기는 하나, 서민적인 유머 양식도 있다는 사실을 상기할 필요가 있다. 이제부터는 그에 관해 살펴보려고 한다.

5

유머의 정치학

 유 머 란 무 엇 인 가

근대의 가장 모순적인 정치 현상을 단 하나만 꼽으라면 그
것은 아마도 민족주의일 것이다. 그 범위가 나치의 '죽음의
수용소'에서부터 원칙에 입각한 지조 있는 제국주의에 대한
저항에까지 이르니 말이다. 그런데 순전히 정치적 중의성의
측면에서만 보자면, 유머도 만만치 않다. 비난하고, 폭로하
고, 변형할 수 있는가 하면, 웃음의 폭발을 통해 근본적인 사
회 갈등을 녹여버릴 수도 있다. 상호적인 웃음은 상호 무장
해제가 될 수 있다. 웃고 있는 몸의 물리적 해체는 무해성을
암시하는 탓이다. 노베르트 엘리아스Norbert Elias는 "웃고 있
는 자는 물지 못한다"고 말했다.[134] 이처럼 유머는 장차 다가
올 평화로운 영토에 대한 유토피아적 이미지를 제공할 수 있
다. 프리드리히 니체는 "비록 오늘날에는 뭐가 됐건 간에 그

어떤 미래도 없을지언정, 우리의 웃음에는 미래가 있다"고 말했다.[135] 그러나 통제되지 않는 무력한 몸은 그러한 사회 질서를 구축할 만한 상태가 되지 못한다. 이런 점에서 보자면 희극은 통치권에 전혀 위협이 되지 않는다. 실상 권력은 대중의 좋은 유머에서 이권을 챙긴다. 사기가 떨어진 국민들은 훗날 불만을 품은 국민들로 판명될 가능성이 있다. 통치자는 근면하고 순종적인 인민들, 자기 수양을 실천하고 자신의 일을 진지하게 받아들이는 인민들이 필요하다. 그런데 근사하고 무책임한 희열의 물결로 인해 이 모든 요구 조건들이 위태로워질 것은 어쩌면 불 보듯 뻔한 일이다.

예술과 마찬가지로 유머 역시 우리의 삶을 좌우하는 규범들을 멀리하고 상대화하는 동시에 그러한 규범들을 강화할 수도 있다. 더 정확히 말하자면, 실제로 유머는 규범을 멀리함으로써 규범을 강화할 수 있다. 생경한 이방인의 눈으로 일상적인 행동을 점검한다고 해서 반드시 그 행동을 바꾸고 고친다는 얘기는 아니다. 그와는 반대로 행동의 타당성에 대한 한층 예리한 감각을 내어줄 수도 있다. 자유주의 정신의 대표답게 조너선 밀러Jonathan Miller는 유머를 일상적인 개념의 범주를 느슨하게 풀어주고, 그러한 범주들의 압제를 완화하여, 우리로 하여금 그 범주들의 노예가 되지 않도록 막아주는 정신의 자유 놀이free play로 본다. 이제 우리는 일상의 준거틀을 재설계하면서 다른 형태의 범주를 그려볼 수 있게 된다.[136] 하지만 이 모든 과정이 필연적으로 더 깨우친 상태의 정신을 낳을 것이라 믿을 이유는 전혀 없다. 어째서 현재의 모든 범주가 재구성되어야 할 필요가 있다고 상정해야 하는가? 성 평등에 대한 신념은 탈주해야 하는 개념적 방해 요인인가? 왜 밀러의 자유주의 자체는 그런 비판을 받으면 안 되는가? 인류학자 메리 더글러스Mary Douglas는 모든 농담을 체제 전복적이라고 본다. 사회적 의미의 본질적인 전횡을 폭로하기 때문이다. 더글러스는 "농담은 수평화, 해체, 재생을 상징한다"고 서술했다.[137] 초기 연구 가운데 대표작인 《순수와 위험Purity and Danger》에서 더글러스는 오물dirt과 관련하여 유사한 주장을 펼친다. 즉 분류할 수 없는 부적절한 물질로 여겨지는 오물은 사회적 구성의 한계를 나타낸다는 것이다. 더글러스의 이러한 주장은 '더러운 농담dirty joke'이라는 용어에 새로운 의미를 부여한다. 다만, 제이 레노나 그레이엄 노턴을 체제 전복적 인사로 낙인찍기는 어렵다.

이와는 정반대 입장에서 수전 퍼디Susan Purdie는 흥미를 자아내는 야심찬 연구를 통해 농담이 권위를 넘어서는 목적은 오직 결과적으로 그 권위를 회복시키기 위함이라고 주장한다. 그런데 이 주장은 권위라고 해서 다 억압적이지는 않다는 사실을 간과하고 있다.[138] 반체제 인사들을 추적하는 자들의 권위도 있지만 베테랑 반체제 인사들의 권위도 있고, 독재 정권의 권위도 있지만 민권 운동의 권위도 있다. 노엘 캐럴Noël Carroll도 유머는 특정 사회규범을 환기함으로써 그 규범을 강화하는 데 일조한다고 본다.[139] 오히려 더 구태의연한 진실은, 이것이 때에 따라 다르다는 점이다. 어떤 경우든지 간에 시급하게 보강할 필요가 있는 사회규범들이 존재한다. 영국 사회에서는 노동자들이 특정 조건하에서 노동을 중단할 권리가 있다는 사실은 규범적이다. 규범이 늘 사악하고 강압적인 장치는 아니다. 유머가 언제 어디서나 권력을 강화한다고 보는 것은 이러한 분명한 모순을 간과한, 지나치게 기능주의적인 관점이다.

알렌카 주판치치는 희극이 "기존 질서나 상황을 참을 만하게 만들어서 실질적인 내적 자유를 착각하게끔 유도하기 때문에, 바로 그러한 억압을 지속시킨다"고 성급하게 일반화했다.[140] 콘라트 로렌츠Konrad Lorenz 역시 "웃음은 유대의 끈을 만들어내는 동시에 선을 긋는다"[141]고 말하면서, 희극적인 것을 본질적으로 보수적인 것으로 취급했다. 로렌츠가

한 말은 유머가 낳은 연대는 '나는 남과 다르다'는 의식과 불가분의 관계이기에 타인을 향한 모종의 적대감을 길러낼 수도 있다는 뜻이다. 이런 의미에서 보자면, 유머는 유대의 끈인 동시에 무기다.[142] 로렌츠는 휘그파답게 유머가 역사적으로 진보해왔다고 봤다. 다시 말해, 현대가 고대보다 더 재미있고, 대체로 현재의 유머가 선조들의 유머보다 절묘하고 보다 면밀하다는 것이다. 그는 디킨스 이전에는 남을 웃기려하는 경우가 별로 없었다고 하는 흥미로운 평가를 내린다. 로렌츠는 인간이라는 존재가 '자조하는' 동물이라고 주장하기도 했다. 그런데 로렌츠의 이러한 주장은 어쩌면 미국 공화당원들보다는 영국 자유당원들에게 더 해당되는 얘기일지도 모르겠다.

만약 유머가 창출해내는 연대가 실제로는 배제와 적대감에 기대고 있다면, 유머는 현실 전체를 관대하고 자애로운 방식으로 모두 아우르는 희극의 우주적 감각과는 불화하게 된다. 노엘 캐럴은 '우리'가 있는 곳에는 대체로 '그들'도 있다고 봤다. 하지만 프랜시스 허치슨은 아마도 이런 주장에 이의를 제기했을 것이다. 웃음을 통해 미리 맛보는 유토피아에는 고정된 한계가 아예 없다. 단지 비우호적인 감정을 느끼는 무리가 일부 존재한다는 이유만으로 희극 공연의 관객들은 파도처럼 밀려드는 집단적 희열에 흠뻑 젖지 못하기도 한다. 유머는 대립적이거나 공동체적일 수도 있고, 폄하하거나 칭찬하는 것일 수도 있으나, 그 두 가지가 동전의 양면일 필요는 없다. 그렇기는 해도, 유토피아로서의 유머와 비판으로서의 유머를 조화시키려는 정치 좌파에는 한 가지 문제가 있다. 이 문제와 더불어 다른 의문들을 규명하기 위해서 이제부터 트레버 그리피스Trevor Griffiths의 대표적인 극작품인 《코미디언들Comedians》을 살펴봐야 할 듯하다.

맨체스터의 어느 학교 교실. 큰 뜻을 품은 한 무리의 아마추어 코미니언들이 한때 유명했으나 지금은 은퇴한 코미디언 에디 워터스 앞에서 본인들의 역량을 평가받고 있다. 워터스는 유머의 본질에 대해서 오랫동안 깊이 생각해온 사람이다. 학생들의 면면을 살펴보면, 우유 배달원인 게드 머리와 보험 설계사인 필 머리 형제, 삼류 나이트클럽을 운영하는 맨체스터 유대인 새미 새뮤얼스, 북아일랜드계 부두 노동자 조지 맥브레인, 아일랜드 출신 노동자 믹 코너, 그리고 영국 국유철도BR에서 밴을 모는 게딘 프라이스다. 비전 없는 직업에 갇힌 이 여섯 남자는 다들 전문 희극인으로 성공하는 것만이 막다른 인생에서 벗어날 수 있는 유일한 길이라고 생각하고 있다. 얼마 안 있어 이들은 코미디언의 길을 걷기 위해서 런던을 중심으로 활동하는 연예 사업가이자 워터스의 오랜 적수이기도 한 버트 챌리너에게 오디션을 보게 된다. 번지르르한 외모에 노련하고 냉소적인 수완가인 챌리너는 단순하고, 생각 없고, 대중에게 그들이 원하는 것을 주고, 일상생활로부터의 일시적인 피난처를 제공할 코미디언들을 물색 중이다. "우리는 선교사가 아녜요. 웃음업자들이죠"라고 그는 일침을 날린다. 챌리너가 보기에 희극은 배우고 싶은 마음도, 그럴 능력도 없는 망나니들에게 판매하는 상품이다. 그러니 그 업에 종사하는 전문가들은 자신의 소중한 상품을 거저 주기보다는 돈을 받고 팔아야 한다. "관객들은 하나같이 우둔하지. 그런데 그들로 하여금 그 사실을 알게 하는 게 바로 나쁜 코미디언이야"라고 챌리너는 단언한다. 관객들은 오직 자신들이 가고자 하는 방향으로만 이끌려 간다고 그는 주장한다.

에디 워터스의 유머 철학은 다소 덜 원시적이다. 극이 진행되는 어느 시점에 그는 제자들에게 살면서 겪었던 뭔가 당혹스러운 경험을 떠올려보라고 요구한다. "뭐든지, 아무리 사소한 일이라도, 여러분에게 뭔가 의미 있는 일이요. 어쩌면 여러분을 창피하게 만들거나, 계속 괴롭히거나, 아직도 두렵게 만드는 것, 여러분이 아직도 어쩌지 못하고 있는 것 말입니다. 알겠죠?" 게드 머리는 산부인과 병동에서의 오싹했던 순간을 떠올린다. 그는 갓 태어난 아이가 장애아면 어쩌나 하고 별안간 무서워졌으나, 이내 '자신이 끝내주게 완벽하다'는 사실을 깨닫고는 안도한다. 게딘 프라이스는 자신을 부랑아라고 부른 여교사를 주먹으로 치는 바람에 정신과 의사에게 보내졌던 때를 회상한다. 이 두 사람을 제외한 나머지 사람들은 워터스가 내준 도전 과제에 선뜻 응하지 못한 채 불편한 침묵만 지키고 있다. 그들이 어쩔 줄 몰라 하는 이유는 무뚝뚝한 동료들 앞에서 자신의 두려움이나 약점을 내보이라는 요청 때문만은 아니다. 재미있게 이야기하라는 워터스의 지침 때문이기도 하다.

이는 부인否認의 유머가 아니다. 중요한 것은 고통을 끊어내는 게 아니라, 저 깊은 곳에 있는 고통, 불안, 분노, 굴욕으로부터 희극적인 것을 끌어냄으로써 고통이 담화를 통해 공명할 수 있도록 해주는 것이다. 이를 통해 경험의 권위가 부여된다. 모욕적이거나 외설적인 언행을 머릿속으로 떠올리기만 하는 게 아니라 실제로 행한다는 의미에서, 말로 할 수 없는 것들을 분명히 표현함으로써 문제가 되는 트라우마를 그저 부인만 할 게 아니라 반드시 초월해야 하는 것이다. 이는 용기와 솔직함이 동시에 요구되는 훈련이다. 고해성사와 유사한 행위를 통해 사람들을 해방시키는 방법이라고 할 수 있는 이 같은 어두운 유머는 일종의 소통 방식이자 동지애다. 워터스 일당 가운데 대다수는 농담을 하고, 머리에 떠오르는 대로 속사포처럼 말을 내뱉으면서 개인으로서의 자기 자신을 유보한다. 반면에, 곧 살펴볼 테지만, 게딘 프라이스는 개인적인 콤플렉스를 너무나도 적나라하게 터뜨린다. 그런데 이 두 가지 전략과는 모두 상반되게 워터스가 요구한 것은 예술로 탈바꿈한—그 모든 무시무시한 힘을 간직한 채로 희극 정신에 의해 형태가 잡히고 거리를 두게 되고 극복되는—추하거나 두려운 진실이다.

본인의 약점을 인정하면서 고통을 솔직하게 털어놓는 것과 정반대 지점에 있는 것은 타인의 결함으로 추정되는 것들을 조롱함으로써 타인에게 고통을 가하는 것이다. 이는 희극적 오용에 이르게 되는 상태다. 자기 자신이 당황하고 쩔쩔매는 모습에서 진정으로 재미를 발견하려면 어느 정도 자기 통찰과 극기가 필요하다. 반면, 남을 비웃는 행위는 다른 무엇보다도 특히 자신의 불안을 부인하는 방식이다. 따라서 감상벽이나 방종의 형태가 아니라 본인의 고난과 시련을 직면하는 법을 알게 되는 것은 타인의 고통에 반응하는 법을 배우는 데 있어서 좋은 훈련이 된다. "타인의 고통을 웃음으로 표현하고, 자신의 고통을 눈물로 표현해야 할 만큼 그렇게 (…) 남들이 (…) 두려운가요?"라고 워터스는 질문한다. "진정한 코미디언이란 다름 아닌 대담한 사람입니다"라고 그는 말한다.

그는 '감히' 청자들이 피하고, 표현하기를 두려워하는 것을 봅니다. 그래서 그가 보는 것은 인간들에 관한, 그들의 처지에 관한, 그들에게 상처를 주거나 겁을 주는 것에 관한, 무엇보다도 가장 힘든 것에 관한, 그들이 '원하는' 것에 관한 일종의 진실입니다. 농담은 긴장을 늦춥니다. 말로 다 할 수 없는 것들을 말합니다. 어떤 농담이든지 대체로 그러하죠. 하지만 진짜 농담, 코미디언의 농담은 긴장을 푸는 것 이상의 것을 해야 합니다. 의지와 욕망을 '해방'시켜야 합니다. 상황을 바꿔야 합니다.

워터스가 보기에 유머는 위험, 솔직함, 위협, 용기, 폭로, 개입이다. 만약 그것이 픽션일 경우에는 위대한 예술의 불편한 정직함도 지닌다.

워터스의 말은 그가 인식하는 듯한 것보다 더 모호하다. 진정한 코미디언들은 다른 사람들을 상처 입히거나 겁먹게 하는 것에 관한 진실을 인지함으로써 남들이 피하고 꺼리는 것을 말로 표현한다. 그런데 인종차별적이고 성차별적인 유머에 대해서도 같은 주장이 가능하다. 즉 관객의 인종적·성적 불안이나 우려를 분명히 말로 표현함으로써 관례상 말로 할 수 없는 것들을 말하려고 한다는 것이다. 여성을 갈보라고 칭하거나, 흑인을 깜둥이라고 부르는 코미디언 역시 청취자들이 일반적으로 표현하고 싶은 마음은 있으나 그러기를 피하고 두려워할 만한 것을 분명히 표현함으로써 긴장을 이완한다. 워터스의 발언은 이런 식의 불온한 유사성을 완전히 내보이지는 않은 듯하다. 다만, 워터스도 이런 점을 감지했는지 그처럼 변질된 유형의 희극과 진정한 해방으로서의 유머를 뚜렷하게 구분하려고 애쓰면서, 진짜 농담은 발산과 더불어 해방과 변형이 뒤따라야 한다고 주장한다.

게딘 프라이스가 독창적이기는 하나 혐오를 유발하는 성차별적 리머릭limerick, 5행 희시을 내놓자, 워터스는 다음의 무시무시한 공격으로 응수한다.

저기요, 난 단 한순간도 아일랜드 사람들이 좋았던 적이 없어요. (…) 머리는 크고 두껍고 멍청하지, 귀는 커다란 양배추 같지, 콧구멍은 코털이 무성하고, 흐리멍덩한 동태 눈알에, 너풀거리는 편평한 손, 게다가 흙내와 기네스 냄새가 진동하죠. 유럽의 깜둥이들. 자리만 펼 수 있으면 어디든 타락한 자기네 종의 알을 까대는 거대한 통제 불능 잡놈들. 내 마음대로 할 수 있었으면 여기에 정착하지 못하게 막았을 거예요. 원래 있던 원시 늪지대로 다시 돌려보내야죠. 머릿속에 감자만 잔뜩 들어찬 바보 멍청이들. (…)

천성이 야비하고 천한 건 유대인들도 마찬가지예요. 자기 거라면 악착같이 지켜내죠. 사기꾼. 해결사. 돈. 언제나 돈. 유대인 하면 금이죠. 사채업자, 전당포 주인, 고리대금업자. 돈에 대한 감각이 뛰어나다고 말할 수도 있을 테지만, 히틀러는 훨씬 직설적으로 말했어요. "피의 순수성을 유지하기 위한 조치를 취하지 않는다면, 유대인들이 우리 모두를 오염시켜서 문명을 파괴할 것이다." 역사의 폐수. 거의 인간이라고 할 수도 없죠. 유충들. (…)

노동자들. 더럽죠. 학교 교육도 못 받고. 어딘가 구린 데가 있어 보이죠. 뭐든 악착같이 캐냅니다. 욕조에는 석탄을 집어넣고, 뭐가 됐건 간에 감자튀김을 곁들여요. '감자튀김과

맥주'처럼 말이죠. 임금 극대화, 노동 최소화에 전념하는 노동조합. 나태한 것들, 자신의 탐욕을 위한 파업. 게다가 바닥이 안 보이는 우매함. 어린아이들과 마찬가지로 자신을 돌볼자격이 없죠. 토끼, 섹스광처럼 새끼를 까대요. 그리고 그런그들을 몰아붙이는 막돼먹은 악랄한 여자들. 짐승들. 음식물찌꺼기를 먹여 키우고, 밤이면 도망치지 못하게 단단히 묶어놓는.

워터스의 폭언은 혼이 나간 학생들뿐만 아니라, 관객에 대한 야만적인 공격을 대변한다. 오히려 본인들의 입에서 그런말이 나오는 상황이 더 익숙한 사람들 말이다. 오늘날의 연극에서는 쉽게 상상할 수 없는 수준의 폭언이다.

자신들의 미래를 틀어쥐고 있는 챌리너가 소속 연예인들의 입에서 나오는 약간 인종차별적이고 성차별적인 독설을환영하는 편견덩어리라는 사실을 알게 되자마자, 워터스의제자들은 대부분 예의고 뭐고 할 것 없이 워터스의 가르침을 내팽개치고 기존의 외설적이고 인종차별적인 욕설과 독설의 조합으로 되돌아간다. 저급하기는 하나 상대적으로 악의는 없는 일련의 농담들을 내놓는 아일랜드 출신 노동자 믹코너는 예외로 하되, 새미 새뮤얼스는 우월 이론을 여실히 보여주는 추악한 실례를 제공한다.

    건설 현장에서 막노동 일자리를 구하려고 하는 서인도제
도 사람이 있었어요. 감독은 이렇게 말하죠. "어림없어, 당
신네들을 잘 아니까. 한 사람한테 일을 주면 다음 날 친구 패
거리를 줄줄이 달고 나타나지." 그 서인도제도 사람은 애걸
복걸한 끝에 마침내 일을 얻습니다. 그런데 다음 날 그는 피
그미족 사람 하나를 데리고 나타납니다. (손짓을 하며) 피그미
족 말이에요. 요만한. 감독이 말했어요. 내가 말했잖소, 친구
들은 안 된다고! 그 서인도제도 사람은 이렇게 말합니다. 친
구 아녜요, 제 점심이에요. 그럼, 여성해방운동에 대해서는
어떻게 생각하세요? 브래지어를 불태우셨나요? 그리셨고요,
선생님. 아주 흥미롭군요. 전 제 아내의 것을 태웠거든요. 아
주 지랄발광을 하더라고요. 아내가 그걸 계속 차고 있었거든
요. 시내의 어느 펍에 있는데 해방여성이 나를 붙잡고는 이
렇게 말하는 겁니다. 당신은 야만적이고, 큰소리치는 허풍선
이에, 가학적이고, 비이성적이고, 성차별적인 남성우월주의
자야. 그래서 내가 그랬죠. 불장난은 물 건너 간 것 같은데?

조지 맥브레인은 비겁하게도 방금 전 앞사람이 한 대로 따

라한다.

지난 목요일에 아내와 함께 침대에 있었어요. 아내는 저쪽에 누워서 아주 조용히 파이프 담배를 피우고 있었죠. 저는 집사람 쪽으로 몸을 기울이고는 이렇게 물었어요. 자기야, 뭐든 하고 싶은 게 있어? 그러자 아내가 말하더군요. 응, 192센티미터 정도 되는 아프리카인이랑 하고 싶어. 큼지막하고 두툼한…… 수표책을 갖고 있는. (관객들을 향해) 앞서 가시지들 마세요! 엉큼하시긴! 그래서 제가 그랬죠. 그래? 그럼 당신의 그 투실투실 대단한 놈팡이를 어떻게 할 생각이야? 그러자 아내가 이렇게 말하더군요. 무슨 근거로 우리가 당신에 대해서 얘기할 거라고 생각하는데? 제 아내는 말을 많이 안 합니다. 얘기를 늘 하기는 하는데 많은 말을 하지 않아요.

게드 머리와 필 머리는 콤비로 무대에 오른다. 게드는 스승의 충고에 충실하려고 고군분투하지만, 필은 불안한 눈빛으로 챌리너를 쳐다보면서 강간 혐의를 받고 있는 파키스탄 사람에 관한 농담을 계속 이어나간다. 유머에 관한 상반되는 두 시각 사이에서 분열된 이들의 연기는 처치 곤란할 정도로 엉망이 되고 만다.

그런데 변형의 유머와 욕설의 유머는 그리 쉽게 대비되지 않는다. 오늘날의 일반적인 사회 통념이 어떻든지 간에 욕설에는 그럴 만한 충분한 이유가 있다. 연극의 말미에 교실로 들어온 학교 수위는 칠판에 적힌 수많은 음란한 단어들을 지우면서 "더러운 새끼들"이라고 중얼거린다. 하지만 저주를 반대하는 그의 태도는 그저 고상한 척하는 내숭일 뿐이다. 그는 더러운 언어도 어떤 역할을 할 수 있다는 사실을 알지 못한다. 챌리너가 스타덤에 오를 잠재력을 가진 인물로 워터스의 학생들 가운데서도 가장 막돼먹은 자를 뽑자, 워터스는 그가 대장大腸만큼이나 똥으로 가득 찬 위인이라고 말한다. 충분히 받을 만한 모욕이다. 여느 동료들과 마찬가지로 게딘 프라이스 역시 챌리너의 성향을 알자마자 곧바로 자신의 연기 스타일을 바꾼다. 다만, 프라이스의 목적은 챌리너의 인정을 받기 위해서가 아니라 챌리너에게 맞서기 위해서다. 어릿광대, 풍자가, 패러디 작가, 마임 아티스트, 반체제 인사, 변신술사의 혼합체인 프라이스는 얼굴을 새하얗게 칠하고, 광대와 망나니를 이종 교배한 듯한 복장을 하고 들어와서는 오싹하고 기묘하게 위협적인 연기를 펼친다. 야회복

차림의 약간 오만해 보이는 상위 중산층으로 꾸민 남녀 마네킹 한 雙을 조롱하고 질책하는 것도 그런 연기의 일환이다. 프라이스는 남자의 얼굴에 담배 연기를 내뿜는가 하면, 그의 머리를 아슬아슬하게 비껴가게끔 쿵푸 찌르기 권법을 시범하고, 그의 여자 친구를 모욕한다. 여자의 가슴골에 꽃을 꽂자 검붉은 핏자국이 드레스에 비친다. 프라이스는 아주 작은 바이올린으로 〈적기가The Red Flag〉를 연주하면서 연기를 마무리한다. 그는 자신의 언어를 맹렬한 질투라고 부르는 사람들이 있을 것이라고 말한다. 하지만 그는 그러한 혐의를 부인한다. 그의 언어는 증오이기 때문이다.

챌리너는 프라이스의 괴상하고, 이국적이고, 전위적인 연기를 '공격적으로 웃기지 않다'고 제대로 표현한다. 공격적인 동시에 웃기지 않는 통상적인 여타 코미디언들의 연기 방식과는 대조적이다. 프라이스의 업적은 종래의 관습적인 내용물은 싹 비워내고도, 희극 연기의 속사포 대사와 현대적인 연기를 지켜냈다는 점이다. 프라이스와 워터스 간에 벌어지는 강렬한 막판 대결에서—두 사람의 관계는 우정, 경쟁, 반대, 사제 관계가 뒤섞인 미묘한 뉘앙스를 풍긴다—워터스는 자신이 가르친 그 학생이 기술적으로 뛰어나다는 점은 인정하나, 그의 연기가 "섬뜩하다"고 비난하면서 "자비도 진실도 없군"이라고 프라이스에게 말한다. "게딘, 자네는 그것들을 죄다 내쳤어. 사랑, 돌봄, 염려, 그걸 뭐라고 부르건 간에, 자네는 그것을 저 옆으로 내팽개쳤어." 프라이스는 계급제도 내에서 사랑과 자비는 오직 받아들이기 쉽지 않은 불쾌한 진실을 신비화하는 데 기여할 뿐이라고 주장한다. 만약 그의 연기가 불쾌하다면, 그것은 그 연기가 대변하는 것이 불쾌하기 때문이다. 그러니 후자에 대해서는 입을 다물고 있으면서 전자에 대해 불평하는 것은 위선이다. 프라이스의 주장은 불편함을 자아낼 정도로 소위 '모방 오류mimetic fallacy'라고 하는 것에 근접한다. 이를 테면, 어떤 소설은 애초에 견딜 수 없을 정도로 지루한 것으로 의도되었기 때문에 그것이 그려내는 상황 역시 견딜 수 없을 정도로 지루할 수밖에 없다는 주장 같은 것이다. 프라이스의 충격적인 가면극은 예전에 베르톨트 브레히트가 "마음 따뜻한 행복을 느끼고 싶어 하는 인간쓰레기"라고 지칭했던 이들을 아연실색케 하려고 의도적으로 양식화되고, 무감각해지고, 인간성이 말살된다. 머리 형제가 처참한 콤비 연기를 끝마칠 때 하는 지나치게 다디단 짤막한 소곡("그는 나를 지켜본다네. / 상황이 힘들어지면 / 그는 뒤에서 손을 써서 / 내 소맷자락에 묻은 눈물 닦아준다네")이 완벽하게 보여주는 그런 종류의 정서는 프라이스의 전투적인 관점에서 보자면 그저 착취라는 케이크에 당의를 입힌 것, 즉 몰인 정한 사회질서를 장식하는 감정의 진열창에 불과하다. 진실을 내버렸다는 워터스의 비난에 대해 프라이스는 화를 내면서 이렇게 응수한다. 진실은 추하고, 과거에 분투하는 젊은 코미디언이었을 적에는 이 사실을 충분히 잘 알고 있었던 워터스가 이제는 그런 사실을 잊은 것 같다고.

누구도 에디 워터스보다 더 신랄할 수는 없다고들 하죠. 당신은 당신을 만들어낸 것과 계속 접촉했으니까요. (⋯) 굶주림, 디프테리아, 오물, 실업, 페니 클럽, 자산조사, 빈대, 머릿니. (⋯) 그런 모든 진실들이 아름다웠나요? (⋯) 당신이 내지른 주먹이 진실이었어요. (⋯) 우리는 여전히 우리 안에 갇혀 있고, 착취당하고, 채근당하고, 끌려가고, 뽑아 먹히고, 살쪄워지고, 도살되고, 목이 잘리고, 녹초가 되고 있어요. 우리는 여전히 우리 자신의 것이 아니에요. 변한 건 아무것도 없어요. 당신은 그저 잊었을 뿐이에요, 그 모든 걸.

프라이스는 희극 수업이 진행되는 석 달 내내 워터스가 웃기는 얘기는 단 한마디도 한 적이 없었다고 비난한다. 표정이 어둡고, 심할 정도로 도덕군자처럼 구는, 내적으로 고장난 이 남자가 한때는 가장 뛰어난 영국 코미디언들 틈에서 한자리를 차지했었다는 사실은 진실로 믿기 힘든 일이다. 어쩌면 워터스는 자신의 증오를 상실했는지도 모른다고 프라이스는 이죽거린다.

그런데 워터스의 추락을 설명하는 것은 이게 아니다. 실패한 아버지에 대한 반항적인 아들의 환멸 이상의 것이 담긴 제자의 맹공으로 인해 불리한 상황에 내몰린 워터스는 자기 자신을 정당화하기 위해서 가장 끔찍한 기억에 손을 뻗지 않을 수가 없다. 학생들에게 촉구했듯이 그도 마찬가지로 자신의 유령을 대면해야 한다. 그는 독일의 나치 강제수용소였던 장수를 방문했던 경험, 눈앞에 별쳐진 광경에 혐오감을 느끼면서 몸서리치는 바로 그 순간에 어쩌다가 발기가 됐는지 프라이스에게 들려준다. 그때 워터스는 그 어떤 농담도 남아 있지 않다는 사실을 깨달았다. 아우슈비츠 이후 모든 시詩는 쓰레기라고 선언했던 시어도어 아도르노Theodor Adorno와 마찬가지로, 죽음의 수용소를 방문했던 날 저녁에 참석한 콘서트에서 유대인에 관한 농담을 들은 워터스는 웃기를 중단했다. "우리는 증오보다 더 심오한 것을 구하지 않으면 안 된다네"라고 그는 프라이스에게 말한다. "증오는 아무런 도움이 안 돼." 프라이스는 자신이 풍자하는 체제보다 우위의 입장을 견지한다. 반면에 워터스의 성적 흥분은 본인 역시 그 체제에 연루된 공범이기에 자기 안에 있는 그러한 흉물 역시 까발려야 한다는 점을 시사한다.

그런데 증오가 아무런 도움이 안 된다면, 불의에 대한 증오는 어떠한가? 희극이 혐오와 적의에 등을 돌린다면 애당초 소위 '최종 해법Final Solution, 나치에 의한 유대인의 계획적인 말살'을 만들어낸 세력에 어떻게 맞설 것인가? 정치 풍자가의 무기고에 있어야 할 필수불가결한 무기는 제대로 된 증오를 품은 유머 아닌가? 이를테면 바이마르 공화국의 예술가들 가운데 히틀러가 권력을 잡게 되는 그 기나긴 여정 중에 그를 희화화하고 풍자한 이가 누구인가? 그런데 비난의 대상으로 존재하는 바로 그런 비인간성에 물들지 않으려고 하는 호전성은 어떠한가? 가장 위대한 바이마르 문학 예술가인 베르톨트 브레히트가 자신의 시 〈후손들에게To Those Born Later〉에서 제기한 문제도 바로 그것이었다.

사는 동안 우리는 신발보다 더 자주 나라를 갈아치우며
불의만 있고 분노가 없을 때
절망하면서, 계급 전쟁을 뚫고 왔다.

그렇다 해도 우리는 알게 됐다.

비천함에 대한 증오마저

표정을 일그러뜨린다는 것을.

불의에 대한 분노마저

목소리를 쉬게 한다는 것을. 오, 우리는

우애를 위한 터전을 마련하고자 했지만

우리 스스로 우애롭지 못했다.

그러나 너희는, 마침내

인간이 인간을 도와주는

그런 때가 오거든

우리를 생각해 다오.

관대한 마음으로

그저 하나의 사회를 건설하는 것과 관련된 가치들은 그 사회에서 융성하지 않으면 안 되는 덕을 거스를 수도 있다. 우정은 증오를 요구하고, 평화는 갈등을 필요로 하며, 믿음은 회의懷疑를 수반한다. 이런 의미에서 본다면, 해방의 정치에 일생을 바치는 사람들은 그것들이 창조해내고자 하는 가장 정확한 이미지는 결코 아니다. 심지어 불의에 대한 증오마저 목소리를 쉽게 할 수 있다. 증오는 어떤 형태가 됐건 간에 아무도 막을 수 없는 자기만의 더없는 모멘텀, 즉 자주적인 정치적 목표의 모멘텀을 획득할 수 있다.

따라서 문제는 우정과 증오가 어떻게 동일한 희극적 양식으로 결합하게 되느냐 하는 것이다. 레이먼드 윌리엄스 Raymond Williams가 《《1780~1950년 문화와 사회》에 대한 1958년의 결론〉에서 말했듯이, 노동운동의 아이콘 가운데 하나는 마땅히 부르쥔 주먹이어야 하되, 새로운 사회 현실을 형성하기 위해 손가락을 펼 수 없을 정도가 되어서는 안 된다. 이는 특히 게딘 프라이스, 어쩌면 전투적인 사회주의자만큼이나 반체제적인 개인주의자이기도 한 그 사내를 괴롭히는 문제가 아니다. 앞서 나왔듯이 프라이스는 만약 진실이 사랑스럽지 않다면, 그에 대한 묘사도 반드시 그러해야 한다고 봤다. 워터스는 이러한 주장을 거부했다. 워터스의 눈에 희극은 그처럼 비타협적인 것들을 밝은 빛이 있는 쪽으로 건져 올림으로써 그것들과 타협하는 법을 배우기 위해 존재한다. 단, '희극으로서' 그렇게 하는 것이다. 그는 제자들에게 "대부분의 희극은 편견, 공포, 편협한 시각을 키운다. 그러나 최고의 희극들은, 최고들은 (…) 그러한 것들을 밝게 비춘다.

그것들이 더욱 또렷하게 보이도록, 더욱 대처하기 쉽도록 만든다"고 말한다. 희극은 대상과의 인지적 거리를 설정하며, 그로 인해 스스로를 알 수 없는 것으로 인지하게 된다. 단순히 내용물을 반영만 하는 게 아니라 그것을 형성하고 극복해야 한다. 이런 의미에서 보면 형식은 내용과 어긋나게 된다. 그런데 강제수용소에서의 경험에 대한 워터스의 설명은 보다 음울한 인상을 준다. 진실이 끔찍할 경우 어쩌면 유머는 그게 어떤 종류이건 간에 그저 신성모독일 뿐이다. 공교롭게도 이러한 주장은 강제수용소의 피수용자들 가운데 일부는 정신을 온전하게 지키려고 발버둥치면서 스스로 농담을 하기도 했다는 사실을 간과하고 있다. 엄밀히 말해 진실을 배반하기 때문에 소름 끼치는 유머를 보여준 새뮤얼스와 맥브레인, 필 머리는 제3의 입장을 대변한다.

프라이스의 가학적인 가면극과 워터스의 수용소 경험 사이에는 유사한 측면이 존재한다. 프로이트의 관점에서 보자면, 후자(워터스)의 성적 흥분은 '주이상스', 즉 외설적 희열의 한 사례다. 에고가 죽음의 광경에서 기인한 자기 자신의 종말 가능성으로부터 쾌감을 얻는 것이다. '에로스'와 '타나토스'는 한패가 된다. 완전한 무無, 즉 시퍼렇게 멍이 들 정도로 두드려 맞으며 학대당하던 에고가 더 이상 해코지를 당하지 않는 상태에는 뭔가 비뚤어진 짜릿함이 존재한다. 인간성을 놓아버리는 것은 수용소에서 죽은 자들의 숙명인 동시에 불안과 고통으로부터의 일시적 해방일 수도 있다. 워터스는 죄책감 때문에 비인간적이기를 바라는 존재가 바로 인간이라는 사실을 인지하지 못한다. 이와는 대조적으로 프라이스는 그런 거리낌이 전혀 없다. 프라이스를 사로잡은 것은 다름 아닌 인간성이 부재한 연기다. "오늘 밤 저 바깥은 온통 얼음천지였어요"라고 그는 워터스에게 말한다. "너무 좋았어요. ······명징한 느낌이었어요." 이론적으로 말하자면, 프라이스의 연기는 우월 이론과 방출 이론의 조합이다. 그는 위대한 광대 그록Grock의 열렬한 추종자다. 그록의 냉담함과 정직함에서 그는 매력—'순진한 척 순 내숭만 떨 줄 알고 아이들로 둘러싸인 채플린과는 다르다'—을 발견한다. 프라이스의 기이한 판토마임은 나치 정권의 비인간성을 비롯한 정치적 비인간성의 용인 가능한 얼굴인 감상적 이상주의의 파괴를 목표로 삼는다. 그러려면 어느 정도 비인간성과의 공모가 불가피하다. 비록 그 같은 공포에 맞서는 것이 목표이기는 하나, 그 자체로 음울한 분위기를 풍기는 탓에 부헨발트나치의 강제수용소가 있던 곳만큼이나 생지옥의 전형을 보여준다.

따라서 결국에는 워터스도 프라이스도 진실과 희극을 조화시키지 못한다. 이유는 상당히 다르지만, 새뮤얼스나 맥브레인과 마찬가지로 이 두 사람 역시 그럴 능력이 없다. 진실은 워터스의 유머를 침묵시켰다. 반면에 프라이스의 풍자는 순수한 강철이다. 비인간적인 환경에서 어느 누가 무슨 수로 웃기는 동시에 진실할 수 있겠는가? 어떤 경우에서건 유머를 순전히 정치적 변화의 도구로 보는 워터스의 관점은 옳은가? 그것이 유머의 여러 기능들 가운데 하나가 될 수 있음은 분명하다. 그러나 희극에 대한 워터스의 접근 방식은 확실히 지나치게 도구주의적이다. 그의 교훈적 성향, 즉 그 연극이 명쾌하게 비판하지 않고 어정쩡하게 의식하고 있는 듯한 결함과 맞물리는 특징이다. 최고의 흉내쟁이 프라이스가 설교를 늘어놓는 스승을 뒤에서 조롱하는 아주 웃기는 순간이 그런 식의 정밀 검토에 가장 근접하게 된다. 그런데 희극이 그러한 결과를 낳기 위한 전략이 아니라, 우정과 축제의 분위기, 공유와 연대에서 오는 순전히 무의미한 기쁨, 평화와 온정의 시대에 대한 예측이라고 보는, 희극의 유토피아적 기능은 어떠한가? 새뮤얼스나 맥브레인의 유머가 편견으로 똘똘 뭉친 둔기라면, 워터스는 한층 진보한 자기만의 방식으로 그러한 공리주의적 논리를 재생산하고 있지는 않은가? "우리는 웃음을 '위해서'가 아니라, 웃음을 '통해서' 일합니다. 여러분이 다들 하려고 하는 게 그저 남을 웃기는 거라면, 좋아요, 어서 계속 하세요, 행운을 빕니다. 단, 내 시간은 축내지 말아요"라고 워터스는 말한다. 그러고는 조금 있다가 이렇게 덧붙인다. "희극은 약입니다. (관객의) 이를 썩게 만드는 알록달록한 사탕이 아니라요." 이는 이 연극이 교묘하게 용인된 상태로 놔두는 청교도적인 주장이다. 맥브레인은 전형적인 우매함을 보이며 이렇게 말한다. "코미디가 코미디인 것이 코미디다." 이 연극이 보여주듯이 이는 사실이 아니다. 다만 "농담이 농담인 것은 농담이다"라는 말은 이따금 맞을 때도 있다.

그럼에도 불구하고 실상 《코미디언들》은 준*유토피아적 분위기로 끝을 맺는다. 야간 강좌를 찾아서 교내를 돌아다니던 아시아인 파텔 씨는 워터스와 마주치게 되고, 자기 나라에서 회자되는 농담, 즉 신성한 소들을 도살하는 내용의 농담을 들려주겠다고 자청한다. 그것은 워터스와 프라이스 모두에게 공명하는 유머의 방식이다. 다만, 그 농담이 전달되는 방식은 전자(워터스)는 이미 그것을 잃었고, 후자(프라이스)는 당연히 정치적으로 의심스러워할 만한 순수한 열정이다. 방금 전에 희극이 모욕, 심한 편견, 악감정, 상품, 이의 제기,

혹독한 경쟁, 비양심적 자기 홍보, 당의 입힌 비인간성이라는 사실이 입증되었던 텅 빈 교실에서 워터스가 파텔 씨에게 다음 수업에 참여하기를 청할 때, 유머는 아주 잠깐이지만 인종 간 우정의 매개물이 된다.

《코미디언들》은 극 중에서 대단히 훌륭하게 그려내는 여러 갈등을 해결하려고 시도하지 않는다. 해법을 제공하는 것은 정책 입안자들이 할 일이지 극작가들의 몫이 아니다. 그런데 실제로는 비판으로서의 유머와 유토피아로서의 유머를 결합하는 방식이 존재하는 바, 그것을 지칭하는 것이 바로 카니발이다. 허치슨과 스틸의 사교 클럽과 커피 하우스가 부르주아의 공적 영역, 즉 신사들 간에 자유롭고 동등한 대화가 이뤄지게끔 계급이 유예되는 영역으로 간주할 수 있다면, 거의 마찬가지로 신분의 유예가 발생하는 카니발은 어떤 점에서 보자면 평민의 공적 영역으로 통한다. 실제적인 동시에 이상적이고, 현실적이되 미래지향적인 대항문화counter-culture로서 카니발은 자유, 공동체, 평등, 과잉이라는 유토피아적 영역을 대변한다. 그곳에서는 모든 지위와 규범, 특권, 금지가 일시적으로 보류된다. 대신에 거리와 장터의 자유롭고 솔직한 언어가 개인들 간의 거리를 좁히고, 체면이나 예의범절의 필요성으로부터 해방되어 폭발한다. 계급, 직업, 재산, 나이의 장벽들이 뒤집힌다. 풍요로운 그 세계에서 어리석음은 축제의 지혜로 통하게 된다. 진리와 권위는 '마르디 그라(참회 화요일)' 인형으로 변형된다. 군중은 게딘 프라이스가 재단용 마네킹들을 난폭하게 다루는 것과는 달리 오히려 환희에 들뜬 상태로 장터에서 코믹한 그 괴물을 갈기갈기 찢어놓는다. 웃음은 새로운 소통 방식, 즉 일련의 변형된 사회적 관계들의 물리적 징후가 된다. 거기에는 '우호적인 세계, 황금기, 카니발의 진실이 잠재'되어 있고 '인간은 자기 자신으로 되돌아간다'.[143]

그런데 카니발의 담론은 양날의 검이다. 변형된 자유, 유대, 평등의 세계를 추구하기는 하지만, 그 세계를 달성하기 위해서 조롱하고, 풍자하고, 망가뜨린다. 따라서 카니발의 비판적 기능과 긍정의 기능은 한 몸이 된다. 대중의 환락은 극도로 해체적인 힘으로서, 위계질서를 무너뜨리고, 신성한 진리를 희화화하며, 기고만장한 교리의 기를 꺾어놓고, 높은 것과 낮은 것을 짓궂게 뒤집어버린다. 그런데 이러한 파괴적 행위는 다 재미와 우정을 위해서다. 앞서 살펴봤듯이, 콘라트 로렌츠가 보기에 유머는 유대의 끈인 동시에 무기이기도 하다. 단, 적대감을 통해서 동료애가 주조된다는 의미에서만 그러한데, 카니발은 이에 해당하지 않는다. 이 엄청난 광란의 우상파괴는 폭력과 전우애, 저주와 찬양, 중상모략과 축제 분위기가 동시에 얽혀 있는 문제다. 단 한 번의 움직임만으로 긍정하는 동시에 부인하고, 파묻는 동시에 부활시킨다. 거나한 연회와 에로틱한 결합이 이뤄지는 동시에 잔인무도한 비난과 욕설, 그리고 라블레에서 매우 빈번하게 발견되는 종류의 극악한 태도도 나타난다.

성 안토니오가 단독丹毒의 불로 당신을 태우시기를 (…)
마호메트의 병이 간질 발작과도 같은 초조함으로 당신을 어지럽히기를 (…)
모든 화농성 매독의 농포, 궤양, 하감이 수은 증기를 쐰 쇠털만큼이나 가느다란 당신 엉덩이의 좁은 통로로 들어가서 당신을 감염시키고, 해치고, 망가뜨리고, 찢어발기기를 (…) 그리고 소돔과 고모라 같은 유황과 화염의 심연 속으로 당신이 사라지기를, 만약 당신이 내가 이제 막 현재의 《역대기》에 대해서 들려주려고 하는 이야기를 은연중에 믿지 않는다면.

새뮤얼스와 맥브레인의 속사포처럼 내뱉는 말과 달리, 라블레의 저주는 무궁무진하고 독창적이다. 그런데 라블레의 언어도 야누스의 얼굴을 가졌다. 참언讒言에서 찬양으로 방향을 홱 틀어버린다. 바흐친의 말마따나 카니발적 담화는 욕하면서 칭송하고, 칭송하면서 욕한다. 굴욕감을 안기고 망신을 주는 동시에 새 생명을 불어넣고 다시 채운다. 가장 난잡하고 외설적인 형태조차 그런 웃음에는 재생적 특질이 내재한다. 결코 프라이스 같은 식으로 남의 가슴을 후벼 파는 반어법이나 오싹한 빈정대기로 빠지지 않는다. 바흐친은 '익숙하고 우호적인 욕설'에 대해서 이야기하는데, 이 경우 욕설이나 비방은 보다 광범위한 맥락의 연대와 신명 안에서 작동한다. 라블레의 언어는 의미의 다양성, 그리고 대상과의 아주 독특하고 복합적인 관계로 특징지어진다. 바흐친의 말대로 "솔직한 조롱과 찬사, 축출과 승격, 반어법과 찬양가가 여기서 결합된다". 그런데 그러한 힐난 속에 우월성이 존재할 가능성은 없다. 특히 카니발의 영역에는 잘난 체하면서 거들먹거리는 관중이 전혀 없는 탓이다. 대신에 적어도 원칙적으로는 온 세상이 서로 협력한다. 무대, 다시 말해 객석과 동일한 시공간을 차지하고 있는 무대에 오르는 것은 인류애 그 자체다. "웃음이 부정적인 풍자가는 조롱의 대상 위에 자기 자신을 둔다"고 바흐친은 말했다. 그런데 카니발 기간 동안 대중은 풍자의 주체와 객체가 마치 한 몸인 것처럼 자기 자신을 조롱하고 비웃는다. 따라서 카니발은 강등하고 떨어뜨린다. 단, 긍정과 구별하기 어려운 방식으로. 바흐친은 이렇게 서술했다.

강등한다는 것은 신체의 하부기관, 즉 복부와 생식기의 삶에 신경 쓴다는 뜻이다. 따라서 그것은 배변, 성교, 수정, 임신, 출산의 행위와 관련된다. 강등은 새로운 탄생을 위해 육신의 무덤을 판다. 다시 말해, 파괴적이고 부정적인 측면이 있는 동시에 재생적인 측면도 있다. 어떤 대상을 강등한다는 것은 그저 부존재의 진공 속으로, 완전한 파괴 속으로 내던진다는 암시가 아니다. 생식을 담당하는 하부기관, 즉 수정과 새로운 탄생이 일어나는 구역이 있는 아래쪽으로 내던지는 것이다.

이처럼 생산적인 동시에 폄하적인 양가적 양식을 두고 바흐친은 '그로테스크한 사실주의grotesque realism'라고 명명했다. 그는 "그로테스크한 것의 본질은 정확히 말하자면 모순되고 양면성이 있는 인생의 충만함을 보여주는 것이다. 부정과 파괴(노인들의 죽음)는 긍정, 뭔가 새롭고 더 나은 것의 탄생과 불가분의 관계인 본질적 국면으로 편입된다"고 서술했다. '코미디comedy'라는 단어가 영원한 회춘을 의미하는 고대 풍요의 신 '코모스Comus'에서 유래했다는 사실이 떠오르는 대목이다.

카니발적 희극은 일종의 통속적 유물론이다. 다시 말해, 주체들이 땅속에 다시 뿌리를 내리고(섹스를 하고), 그렇게 함으로써 열매를 맺을 수 있게(다산할 수 있게) 해준다. 이는 '모든 고귀하고, 영적이고, 이상적이고, 관념적인 것들을 낮추는 것'을 의미한다. 다만, 오직 그러한 신비주의의 껍데기에서 진정한 가치가 도출될 수도 있기 때문에 그렇게 하는 것이다. 추상적 관념론의 맹렬한 타파에 죽음 충동(바흐친의 표현대로라면 '죽음에 대한 염원wish for death')의 기운이 서려 있다고 한다면, 거기에는 '삶에 대한 염원wish for life'도 뒤얽혀 있다. 사람들은 대중의 위대한 육신과 더불어 세상만사는 불멸하고, 각각의 소멸 행위는 그저 새로운 탄생을 알리는 전주곡일 뿐이라고 확신하면서 마음껏 무자비하게 이 세계를 파괴하고 황폐화할 수 있다. 땅이 무덤이라면, 그것은 동시에 자궁이기도 하다. 집단적인 육체의 불멸성은 개별적인 육체의 신성불가침성에 투영된다. 사람들은 의례적으로 두드려 맞을 뿐, 만화에서처럼 마법을 부린 듯 다친 데 하나 없이 말짱한 상태를 유지한다. 카니발은 픽션화되고 가상현실이 된,

연금술처럼 연극과 구경거리로 변질된 폭력이다. 그것은 아주 유쾌한 호전성이다.

바흐친의 시각에 따르면, 그로테스크하거나 카니발적인 몸은 미완의 상태, 열린 결말, 영원한 현재진행형이며 공적 이데올로기의 영구적이고 절대적인 지위에 대한 반격이다. 그처럼 절대로 입에 올려서는 안 되는 억압적 도그마 가운데 하나가 바로 스탈린주의다. 특히 바흐친의 관심을 사로잡은 것은 바로 몸의 구멍들이다. 인간이 세상에 개방되고, 내부와 외부, 자아와 현실 또는 자아와 타자 간의 견고한 차이가 흔들리기 시작하는 임계 지점들 말이다.

이 모든 볼록면들과 구멍들은 공통의 특질을 지닌다. 즉 그 안에서 몸과 몸, 몸과 세계 사이의 경계가 극복되고 상호 교환과 상호 귀속이 이뤄진다. (…) 성교, 임신, 사지 절단, 다른 몸으로의 흡수는 물론이고, 먹기, 마시기, 배변, 그리고 그 밖의 배출(발한, 코 풀기, 재채기)―이 모든 행위들은 몸과 외부 세계의 경계, 또는 옛 몸과 새 몸의 경계에서 실행된다. 이 모든 사건들에서 생生의 시작과 끝이 긴밀히 연결되고, 한데 얽혀든다.

바흐친이 보기에는 웃음과 마찬가지로 몸 자체도 관계의 한 유형, 즉 육체적인 것에 초점이 맞춰진 인적 교류이자 상호작용이다. 개인을 영원한 하나의 집합체로 묶는 것이므로, 간접적으로 불멸성을 띤다. 나는 죽지만, 우리는 죽지 않는다. 카니발의 대담무쌍함, 해를 입지 않으리라는 열광적인 감각의 연원이라고 볼 수 있는 것은 다름 아닌 이런 식의 유쾌한 확언이다. 그런데 바흐친은 훗날 유럽 역사의 어느 시점에 이르면 개별적인 몸에서 불쾌한 부분이 제거되고, 품위 있게 바뀌고, 구멍들이 폐쇄되고, 공간의 경계가 엄격하게 정해지면서 집단적인 몸으로부터 잘려나가게 될 것이라고 주장했다.

> (몸이 자신의 경계를 넘어서고, 새로운 몸이 시작되면) 돌출되거나 생겨나거나 갈라지고 나뉘는 것은 제거되거나 감춰지거나 조정된다. (⋯) 불투명한 표면과 몸의 '골짜기들'은 다른 몸이나 세계와 합쳐지지 않는 폐쇄된 개체성의 경계로서 극히 중요한 의미를 획득한다.

따라서 두 가지 기조를 띠는 카니발적 담론의 성질 밑바탕에 깔려 있는 것은 다름 아닌 육체의 양가성이다. 진탕 마시고 노는 축제의 발화 패턴을 특징짓는 찬양과 참언, 유토피아와 비판의 혼재는 육신의 동시다발적인 쇠락과 부활, 배변과 성교에 입각한 것이다. "특히 익숙한 환경에서 웃고 저주할 때마다 사람들이 하는 말은 육체적 이미지들로 가득하다. 몸은 성교하고, 배변하고, 과식한다. 그리고 사람들의 말은 생식기, 복부, 배변, 소변, 질병, 코, 입, 절단된 신체 부위들로 넘쳐난다"고 바흐친은 서술했다. 가령 입은 물고, 뜯고, 집어 삼킴으로써 유토피아적 본능의 연합체에 세계를 동화시켜 몸을 충전한다.

경계의 끈을 조금도 풀지 않는 독자라면 평범한 사람들에 대한 바흐친의 과도한 찬가에서 어떤 이상화의 낌새를 감지했을 수도 있다. 카니발은 어쩐지 비극을 추방해버린 세계처럼 보인다. 물론 그 세계에서도 분명 죽음을 수용한다. 하지만 어디까지나 새로운 삶을 위한 발판으로서 받아들일 뿐이다. 고뇌와 고통은 있는 그대로의 현실, 다시 말해 그 모든 공포스럽고 난처한 형태로 마주하게 되지 않는다. 이런 의미에서 보면, 카니발적 정신은 죽음이 부정될 수 있는 여러 양태들 가운데 하나다. 《코미디언들》의 에디 워터스가 얘기했듯이, 그것은 여전히 계속되는 고통으로부터 가치를 구원하는 문제가 아니라, 그러한 고통을 기쁨으로 변환하는 문제다.

바흐친의 주장에 회의적인 태도를 취하게 되는 데는 또 다른 이유들도 있다. 우선 한 가지는, 요즘 시대에는 우리의 종이 불멸한다고 설득할 만한 근거가 상당히 부족하다는 점이다. 또 한 가지 이유는 카니발이 픽션화된 형태의 반란일 수는 있으나, 그처럼 체제 전복적인 에너지의 안전판 역할을 하기도 한다는 점이다. 이런 의미에서 보자면 오늘날 카니발과 가장 유사한 것은 프로 스포츠다. 스포츠의 폐지는 피비린내 나는 혁명으로 이어지는 최단 경로가 될 것임이 분명하다.

마지막으로 중세 교회에 대한 바흐친의 비난이 기독교 복음의 카니발적 특징을 간과하고 있다는 점을 짚고 넘어가야 할 듯싶다. 여러 해석에 따르면, 예수는 울기는 해도 웃지는 않는다. "슬픔이 웃음보다 나음은 얼굴 표정의 슬픔으로 인해 마음이 즐거워지기 때문이니라. 지혜로운 자의 마음은 애도의 집에 거하되, 우매한 자의 마음은 희락의 집에 거하니라"라고 한《전도서》의 엄숙한 주장과 일맥상통하는 것처럼 보일 수도 있는 과묵함이다.《신약성서》가 그리는 예수는 침울함의 정도에 비해 배꼽 빠지게 웃기는 유머 감각 면에서는 거의 두각을 나타내지 못하는 것이 사실이다. (다만 자기 대신 구레네 사람 시몬이 십자가에 못 박히는 광경을 천국에서 지켜보며 예수가 웃었다고 묘사한 그노시스파 문서들이 있기는 하다.)[144] 그런데 좋은 것들로 가득 찬 가난한 자들과 빈손으로 돌려보내지는 부유한 자들, 다시 말해 전형적인 카니발적 전도inversion는 그의 왕국이 눈앞에 와 있다는 신호가 될 것이다. 카니발의 역전이나 뒤집기와는 달리 일시적인 사건 이상의 것임이 드러날 것이다. 에니드 웰스포드Enid Welsford는 중세의 '바보 축제'에서는 저녁 기도 때 "주님은 힘 있는 자들을 그들의 자리에서 내리시고, 낮은 자들을 높이셨다"는 복음이 미사의 짓궂은 패러디를 알리는 전주곡처럼 몇 번이고 계속해서 불렸다고 기록했다.[145] 예수와 그의 평민 동지들은 하는 일 없이, 과음과 폭식으로 비난받으며, 기존의 관습적인 사회질서의 변방에서 가진 것 없이 마음껏 발길 닿는 대로 돌아다닌다. 그리고 자유로운 카니발 정신처럼 내일을 걱정하지 않는다. 구세주에 대한 냉소적인 농담(십자가에 못 박힌 메시아가 고대 유대인들에게는 도덕적으로 음탕한 인상을 줬으리라는 관념)처럼 예수는 당나귀를 타고서 당시 로마 제국의 기세가 등등했던 예루살렘으로 들어가지만, 동지들이 그를 저버리고 떠나는 바람에 불명예스러운 죽음, 로마인들이 정치적 반역자들을 위해 따로 마련해둔 죽음을 맞게 된다. 그러나 십자가의 어리석음이 철학자들의 지혜보다 더 현명한 것으로 드러난다. 율법의 겁박하는 힘은 전복되고, 온순한 사람들이 이 땅을 물려받는다. 숭고함이 인간의 피와 살이 되며, 가장 신성한 진리는 어부와 소농을 대상으로 한 분명하고 솔직한 언어로 제시되고, 약점은 유일하게 항구적인 형태의 강점으로 드러난다.

구원이라고 하는 엄청난 질문이 병자들을 돌보고, 굶주린 자들을 먹이는 세속적이고 일상적인 일로 내려오듯이, 카니발적 점강법은 기독교의 핵심에 자리하고 있다. 루가의 복음서는 지금 눈물 흘리는 자들, 즉 고통받는 자들과 재산을 뺏긴 자들은 훗날 웃으리라고 약속한다. 다만, 지금 웃고 있는 자들, 즉 돈 많고 자기만족에 빠진 자들은 훗날 눈물 흘리게 되리라고 경고함으로써 역전을 재역전시킨다. '신의 은총'으로 알려진 정신의 깊은 편안함과 희열은 다른 무엇보다도 특히 인간의 자비, 우정, 용서에서 제 모습을 드러내 보인다. 카니발과 마찬가지로, 성찬식에서도 피와 살은 인간이라는 존재들 사이에서 교감과 연대의 매개체가 된다. 그런데 신약성서는 들판에 핀 백합처럼 살면서 자신의 소유물을 가난한 자들에게 넘기는, 근심 걱정 없는 느긋하고 태평한 삶을 권하는 동시에 그 주인공을 칼을 휘두르는 인물, 즉 정의와 우애를 추구하는 자들과 타협의 여지없는 그런 활동을 외면하는 자들을 확실히 구분해야 한다고 강경하게 주장하는 사람으로 그리고 있다. 카니발과 유사하게 루가의 복음서도 해방의 기쁨과 모종의 폭력과 정신의 비타협성을 결합한다. 이미 심하게 억압받고 있는 자들의 등에 짐을 지우는 점잖고 독실한 유형들을 겨냥한 예수의 저주는 라블레의 저주와 비교할 때 그만큼 재미는 떨어질지 몰라도, 최소한 오싹함과 무서움만큼은 결코 뒤지지 않는다. 기독교는 '코미디 누아르'의 기질도 있다. 하느님은 우리를 역경으로부터 구하기 위해 자신의 외아들을 보내는데, 우리는 그 고마움을 어떻게 표현하는가? 그 외아들을 죽여버린다! 결례도 이런 끔찍한 결례가 없다.

테리 이글턴이 연
'유머 인문학'의 새로운 지평

강병창(한국외국어대학교 교수)

유머라는 보물

테리 이글턴은 우리에게 영국의 문예이론가이자 마르크스주의 문학비평가로 잘 알려져 있다. 1983년에 나온 그의 《문학이론 입문》은 판을 거듭하며 전 세계 문학도의 교과서가 되어 왔다. 그런 그가 2019년 일흔여섯의 나이에 유머에 관한 책을 내놓았다. 다소 의외의 일로 비칠 수도 있겠지만, 새 천년기에 들어서면서 그가 보인 행보를 보면 그리 놀랄 일은 아니다. 이글턴은 그동안 문학을 넘어 문화, 정치, 종교, 철학 등으로 저술의 지평을 넓혀왔다. 그런 그가 악, 비극,

신, 윤리, 희망, 인생의 의미 등을 이야기하고 나서 이제 웃음과 유머를 논하는 것은 어쩌면 당연한 수순인지도 모른다.

인생이 연극이라면 절반은 비극이고 절반은 희극이다. 그래서 희극과 유머의 본질을 탐구한다는 것은 우리 인생이 가지는 의미의 나머지 절반을 이해하고자 하는 것과 같다. 유머라고 하면 우리는 보통 잠깐의 쉼과 즐거움을 주는 작은 오락으로만 생각하기 쉽다. 이글턴의 책은 이런 통념을 뛰어넘어 '웃음', '우스움', '우스개'와 그 주변 현상(희극, 위트, 풍자, 아이러니 등)에서 인간과 사회의 본질을 들여다보고자 한다. 이 유머라는 보물을 찾기 위해 이글턴은 과거와 현재의 지도를 펼치며, 철학자, 사상가, 작가 등이 걸어갔던 길을 따라가보며 겹치고 갈라지는 다양한 지점을 확인한다.

이글턴을 비롯한 많은 학자들의 견해에 따르면, 유머는 인간을 다른 동물과 구분시켜 주는 특질 가운데 하나다. 이 말은 유머가 인간의 인간됨을, 인간의 마음이 작동하는 방식을 들여다보게 해주는 열쇠가 된다는 뜻이다. 언어와 사고의 기반이 되는 이성적 인지능력도 인간을 인간답게 하는 '종특種特'이 되지만, 웃음도 인간만이 할 수 있는 행위다. 어떻게 보면 언어와 사고로 대표되는 이성과 우스움과 웃음을 수반하는 유머는 서로 대척점을 이루는 듯 보인다. 하지만 '똑똑함'

과 '우스움'은 인간의 마음을 구성하는 불가분의 두 영역이다. 말하자면 유머는 이성의 동반자이자 조력자이며, 이성을 이해하는 데 없어서는 안 될 요소다. 인간은 이성을 가지고 다른 동물이 할 수 없는 많은 일을 한다. 즉 감각과 감정을 매개로 하여 정보를 처리하고, 추론하고, 문제를 해결하고, 상상하고, 허구의 이야기를 지어내고, 사회적 협력을 한다. 그러나 이 과정이 늘 문제없이 매끄럽게 이루어지는 것은 아니다. 인간의 이성은 완벽한 것이 아니어서 때때로 오작동을 일으킨다. 상황에 신속하게 대처하려고 기대나 예상에 의존하여 경제적 사고를 하는 과정에서 논리의 비약을 하기 일쑤고, 모순에도 자주 봉착하며, 인지 부조화에 빠지는 일도 흔하다. 이글턴 자신은 '과학적' 접근에 다소 냉소적인 입장을 보이지만, 최근 일부 인지과학자들의 연구에 따르면, 유머는 바로 그러한 마음의 오작동을 감시하여 인간이 위험에 빠지지 않도록 하는 안전장치 기능을 한다고 한다. 이러한 오류 탐지 및 수정 작업은 생존에 꼭 필요하므로 계속해서 잘하게 만드는 보상이 필요하다. 그 보상이 바로 즐거움, 재미, 유쾌함을 주는 유머라는 것이다. 우리 몸이 생존을 위해 달콤한 것에 탐닉하듯이, 우리 정신도 올바른 작동을 위해 유머의 쾌감에 탐닉한다고 보는 것이다.

유머의 본질

사실 유머의 진화론적 기원과 본질에 대해서는 여전히 논란이 분분하다. 하지만 유머가 우리의 삶에서 수행하는 기능은 분명하다. 유머는 개인적으로는 기분을 좋게 하는 활력소가 되고, 스트레스를 해소해주며, 사회적으로는 분위기를 좋게 하고, 대인관계를 원만하게 해주며, 집단의 결속력을 높여준다. 나아가 유머는 지능을 과시하는 수단이 되기도 하며, 부조리한 사회와 불의를 비판하는 도구로 쓰이기도 한다. 심지어 유머는, 피터 버거와 같은 종교사회학자의 견해처럼, 현실을 초월하게 하는 영적이고 종교적인 기능도 수행한다.

유머는 재미있고 가볍지만, 유머에 대한 이론적 성찰은 무미하고 무겁다. 이글턴은 이 부담을 자신만의 방식으로 기꺼이 짊어진다. 미국의 작가 화이트는 유머에 관해 개구리처럼 해부해볼 수는 있지만 그렇게 하면 개구리는 죽게 된다고 했다. 그 이후 유머 연구의 상당수는 이 말을 거론하며 일종의 죄책감과 함께 논의를 시작한다. 하지만 이글턴은 전혀 그럴 필요 없다는 위로의 말로 이 책을 시작한다. 이론과 실천은 별개의 영역이어서 어떤 일에 대한 이론적 지식이 그 일의 실천을 망치거나 방해하지 않기 때문이다. 현장에서 농담을 실천하면서 동시에 그 농담을 분석해 주는 것이 아니라면 말이다.

유머 인문학의 새로운 지평

이 책은 무엇보다 우리가 웃는 이유에 대한 다양한 이론 내지 가설, 그 가운데서도 고전적인 세 이론인 '방출 이론', '우월 이론', '부조화 이론'을 비판적으로 검토하고, 각 이론의 한계를 짚어내고, 이 이론들이 어떻게 상호보완을 할 수 있고 결합될 수 있는지를 잘 보여주고 있다. 이 책은 다섯 장으로 이루어져 있는데, 처음 세 장에서는 웃음, 비웃음, 부조화를 키워드로 설정하여, 앞서 언급한 세 이론을 각각 지지한다. 그리고 나머지 두 장에서는 역사 속에서 유머가 어떻게 취급되어 왔는지, 그리고 유머가 정치·사회적으로 어떤 의미를 가져 왔는지를 보여주고 있다. 이글턴은 이 과정에서 문학·문화비평가다운 면모를 과시한다. 특히 고금의 사상가 및 작가의 텍스트와 작품이라는 프리즘을 통해 유머의 다채로운 모습을 펼쳐 보인다.

웃음은 유머의 가장 특징적인 현상일 것이다. 따라서 '웃음'과 '유머'는 거의 동의어로 사용되는 경향을 보인다. 하지만 이글턴도 말하고 있듯이 웃음의 성격과 종류는 매우 다양하며, 우리가 유머로 지칭하는 현상과 부분적으로 겹칠 뿐이다(어떤 학자는 웃음은 유머보다는 사회적 관계의 문제로 본다). 유머가 대부분의 경우 웃음으로 이어지기 때문에 유머의 근원을 찾는 일은 웃음과 같은 분출 현상에서 모티브를 얻기 마련이다. 여러 이론 중 '방출 이론'은 유머의 근원을 과도한 긴장 상태에서 해방되는 것으로 본다. 우리의 마음이 심각하게 여겼던 것이 별것이 아님을 알아차렸을 때 누적된 긴장 에너지가 웃음으로 배출된다는 것이다. 또 다른 유머 이론으로 '우월 이론'이 있는데, 유머는 다른 사람의 약점, 어리석음, 부조리함을 보고 느끼는 만족감, 우월감에서 온다는 것이다. 하지만 유머 이론으로서 가장 폭넓은 지지를 얻어 온 것은 '부조화 이론'일 것이다. 이 이론의 핵심은 유머가 발생하려면 뭔가 앞뒤가 맞지 않는 것(부조화)이 있어야 한다는 것이다. 방출 이론과 우월 이론이 유머가 '왜' 발생하는지를 성급하게 설명하려 든다면, 부조화 이론은 다소 소박하게 유머가 '어떻게' 일어나는지를 기술하는 데 주력한다. 하지만 이글턴은 부조화 이론이 특히 방출 이론을 통해 보완되어야 한다고 보고 있다.

인간에게 유머와 웃음은 자연스럽게 받아들여지는 현상이지만, 그 존재 이유는 여전히 신비의 베일에 가려 있다. 고

대 그리스의 철학자들부터 시작해서 근대의 걸출한 사상가들에 이르기까지 유머와 웃음은 끊임없이 논란의 대상이 되어 왔고 부정적 혹은 긍정적 평가를 받아 왔다. 이글턴의 이 책은 특히 철학자 및 사상가 중심의 기존의 유머학 저서에서 느껴지는 아쉬운 부분을 문학을 통해 보완해주고 있다. 이로써 이 책은 '유머 인문학'의 새로운 지평을 보여주고 있다고 할 수 있겠다. 이 책은 유머 책이 아니라 유머에 관한 책이다. 다소 힘들고 긴 여정이지만 군데군데 우스개도 있어서 즐기면서 따라갈 수 있다.

　언어공격과 혐오발언이 난무하는 이 시대에 유머와 웃음이 어떤 의미를 가질 수 있을지, 유머가 사회적 부조화를 어떻게 바로잡는 교정수단이 될 수 있을지를 고민하는 분들에게도 이 책은 좋은 길잡이가 되리라 믿는다.

들어가며

1. 그와 같은 '과학적' 연구들에 관해서는 가령 Ivatore Attardo, 《Linguistic Theories of Humor》(Berlin and New York, 1994) 와 Victor Raskin (ed.), 《The Primer of Humor Research》 (Berlin and New York, 2008) 참조.

2. William Hazlitt, 〈On Wit and Humour〉, in 《Lectures on the English Comic Writers》(London and New York, 1963), p. 26.

1장 웃음에 관하여

3. 다소 이례적으로, 로날드 데 소사Ronald de Sousa는 《The Rationality of Emotions》(Cambridge, MA, 1987, p.276)에서 히스테리컬한 웃음을 웃음으로 전혀 간주하지 않는다.

4. Matthew Bevis, 《Comedy: A Very Short Introduction》(Oxford,

2013), p. 19에서 인용.

5. 다만 로버트 프로빈Robert R. Provine은 일부 영장류는 웃음 같은 소리를 낸다고 주장한다. 프로빈의 책《Laughter: A Scientific Investigation》(London, 2000), 제5장 참조. 찰스 다윈도 원숭이들이 간지럼을 타면 웃는다고 봤다. 다윈의 책《The Expression of Emotion in Man and Animals》(London, 1979), p. 164 참조.

6. Milan Kundera, 《The Book of Laughter and Forgetting》 (London, 1996), p. 79.

7. Helmuth Plessner, 《Laughing and Crying: A Study of the Limits of Human Behavior》(Evanston, IL, 1970).

8. 상기 정보 가운데 일부는 Richard Boston의 책《An Anatomy of Laughter》(London, 1974)에 빚지고 있다. 희극에 대한 통찰력을 담고 있는 직관적인 문집으로는 Howard Jacobson, 《Seriously Funny》(London, 1997) 참조.

9. Immanuel Kant, 《Critique of Judgment》(Cambridge, 2002), p. 209.

10. Herbert Spencer, 〈The Physiology of Laughter〉, in 《Essays on Education and Kindred Subjects》, intro. Charles W. Eliot (London, 1911), p. 120. 보다 최근에 '이완 이론relief theory'을

옹호하는 견해는 J. C. Gregory, 《The Nature of Laughter》 (London, 1924)에서 찾아볼 수 있다.

11. Sigmund Freud, 《Jokes and Their Relation to the Uncon -scious》(London, 1991), p. 167 참조.

12. Sándor Ferenczi, 《Final Contributions to the Problems and Methods of Psychoanalysis》(London, 1955), p. 180 참조

13. Alexander Bain, 《The Emotions and the Will》(3rd edn, New York, 1876), p. 262.

14. Sándor Ferenczi, 《Final Contributions to the Problems and Methods of Psychoanalysis》(London, 1955), p. 180.

15. Adam Phillips (ed.), 《The Penguin Freud Reader》(London, 2006), p. 563 참조.

16. Matthew Bevis, 《Comedy: A Very Short Introduction》 (Oxford, 2013), pp. 24 and 73.

17. 같은 책, p. 29에서 인용.

18. Simon Critchley, 《On Humour》(London and New York, 2002), p. 62.

19. 같은 책, p. 91에서 인용.

20. Christopher Norris, 《William Empson and the Philosophy of Literary Criticism》(London, 1978), p. 86.

21. William Empson, 《Some Versions of Pastoral》 (London, 1966), p. 114.

22. Thomas Mann, 《Doctor Faustus》 (London, 1996), p. 378.

23. Charles Baudelaire, 《Selected Writings on Art and Literature》 (London, 1972), p. 148.

24. Alenka Zupančič, 《The Odd One In: On Comedy》 (Cambridge, MA, 2008), p. 144.

25. 같은 책, p. 144.

26. 같은 책, p. 142에서 주판치치가 인용.

27. 같은 책, p. 143.

28. 단테와 희극에 관해서는 Giorgio Agamben, 《The End of the Poem》 (Stanford, 1999), 제1장 참조.

29. Mikhail Bakhtin, 《Rabelais and his World》 (Bloomington, IN, 1984), p. 66.

30. 같은 책, p. 90.

31. 같은 책, pp. 90~91.

32. 같은 책, p. 92.

33. 같은 책, p. 95.

34. 같은 책, p. 84.

35. 같은 책, p. 174.

36. George Meredith, 《An Essay on Comedy》 (New York and London, 1972), p. 121.

2장 비웃는 자와 조롱하는 자

37. Johan Verberckmoes, 〈The Comic and Counter-Reformation in the Spanish Netherlands〉, in Jan Bremmer and Herman Roodenburg (eds), 《A Cultural History of Humour》 (Cambridge, 1997), p. 81 참조.

38. Barry Sanders, 《Sudden Glory: Laughter as Subversive History》 (Boston, MA, 1995), p. 65 참조. 더불어 Stephen Halliwell, 《Greek Laughter》 (Cambridge, 2008) 참조.

39. Mary Beard, 《Laughter in Ancient Rome》 (Berkcley, 2014), p. 33 참조.

40. Thomas Hobbes, 《Leviathan》 (Cambridge, 2010), p. 43.

41. Donald F. Bond (ed.), 《The Spectator》 (Oxford, 1965), vol. 1, p. 147.

42. A. M. Ludovici, 《The Secret of Laughter》 (London, 1932), p. 31 참조.

43. Anthony Earl of Shaftesbury, 《Characteristics of Men, Manners, Opinions, Times Etc》 (Bristol, 1995), vol. 1, p. 53.

44. 이를 테면 Roger Scruton, 〈Laughter〉, in John Morreall (ed.), 《The Philosophy of Laughter and Humour》 (New York, 1987)와 F. H. Buckley, 《The Morality of Laughter》 (Ann Arbor, 2003) 참조. 로저 스크루턴Roger Scruton은 유머가 문제의 대상에 대한 평가 절하에 자리한다고 주장한다. F. H. 버클리F. H. Buckley는 우월감이 웃음의 충분조건은 아닐지라도, 언제나 필요조건이라는 입장을 견지한다. 그의 견해에 따르면, 가령 말장난의 경우 타인에 대한 지적 우위를 암시하는 경쟁적인 사안이다. 우월 명제에 대한 유머의 옹호에 관해서는 A. M. Ludovici, 《The Secret of Laughter》, 제2장 참조.

45. 〈London Review of Books〉, vol. 37, No. 4 (February, 2015), p. 22에서 Matthew Bevis가 인용.

46. Anthony Earl of Shaftesbury, 《Characteristics of Men》, p. 33.

47. Francis Hutcheson, 《Thoughts on Laughter, and Observations on the Fable of the Bees》 (Glasgow, 1758), p. 12. 자애로움이 넘치는 허치슨의 철학에 관한 해석으로는 Terry Eagleton, 《Heathcliff and the Great Hunger》 (London, 1995), 제3장 참조.

48. Martha Segarra (ed.), 《The Portable Cixous》 (New York, 2010)에 수록된 에세이다.

49. Francis Hutcheson, 《Thoughts on Laughter》 (Bristol, 1989), p. 51.

50. Henri Bergson, 《Laughter: An Essay on the Meaning of the Comic》 (London, 1935), p. 5.

51. W. McDougall, 《The Group Mind》 (New York, 1920), p. 23 참조.

52. Buckley, 《The Morality of Laughter》, p. 37 참조.

53. Arthur Schopenhauer, 《The World as Will and Representation》 (New York, 1969), vol. 2, pp. 349, 581 and 354.

54. John Willett (ed.), 《Brecht on Theatre》 (London, 1964), p. 277.

55. Walter Benjamin, 《Understanding Brecht》 (London, 1973), p. 101.

56. Gillian Rose, 《Mourning Becomes the Law: Philosophy and Representation》 (Cambridge, 1996), p. 71.

57. John Roberts, 《The Necessity of Errors》 (London and New York, 2011), p. 204.

58. Sándor Ferenczi, 《Final Contributions to the Problems and Methods of Psychoanalysis》 (London, 1955), p. 73.

59. John Lippitt, 〈Humour〉, in David E. Cooper (ed.), 《A

Companion to Aesthetics》(Oxford, 1992), p. 201 참조.

60. Slavoj Žižek, 《Absolute Recoil》(London, 2014), p. 334.

61. George Meredith, 《An Essay on Comedy》(New York and London, 1972), p. 121.

3장 부조화

62. 이처럼 다양한 시각들에 관한 논의에 대해서는 Christopher P. Wilson, 《Jokes: Form, Content, Use and Function》(London and New York, 1979) 참조.

63. 이 이론에 관한 심리학적 해석은 Paul E. McGhee, 〈On the Cognitive Origins of Incongruity Humor〉, in Jeffrey H. Goldstein and Paul E. McGhee (eds), 《The Psychology of Humor》(New York and London, 1972)에서 찾아볼 수 있다.

64. Noël Carroll, 《Humour: A Very Short Introduction》(Oxford, 2014), p. 28.

65. L. W. Kline, 〈The Psychology of Humor〉, 〈American Journal of Psychology〉, vol. 18 (1907).

66. D. H. Munro, 《Argument of Laughter》(Melbourne, 1951), p. 40ff.

67. Thomas Nagel, 《Mortal Questions》(Cambridge, 1979),

p. 13.

68. Mary K. Rothbart, 〈Incongruity, Problem-Solving and Laughter〉, in Antony J. Chapman and Hugh C. Foot (eds), 《Humor and Laughter: Theory, Research and Applications》 (London, 1976) 참조.

69. Mark Akenside, 《The Pleasures of the Imagination》 (Washington DC, 2000), p. 100.

70. James Beattie, 《Essays on Poetry and Music》 (Dublin, 1778), vol. 2, p. 366.

71. 같은 책, p. 372.

72. Immanuel Kant, 《Critique of Judgment》, p. 210 (번역문을 약간 수정함).

73. Herbert Spencer, 〈The Physiology of Laughter〉, in 《Essays on Education and Kindred Subjects》, intro. Charles W. Eliot (London, 1911).

74. Charles Darwin, 《The Expression of Emotions in Man and Animals》 (London, 1979), p. 200.

75. Robert L. Latta, 《The Basic Humor Process》 (Berlin and New York, 1999), pp. 39~40.

76. J. Y. T. Greig, 《The Psychology of Laughter and Comedy》

(New York, 1923), pp. 23~27.

77. Arthur Koestler, 《The Act of Creation》 (London, 1965), p. 45.

78. John Morreall, 《Taking Humor Seriously》 (Albany, NY, 1983), 제5장.

79. Alexander Bain, 《The Emotions and the Will》 (London, 1875), pp. 282~283.

80. Michael Clark, 〈Humor and Incongruity〉, in John Morreall (ed.), 《The Philosophy of Laughter and Humor》 (New York, 1987).

81. Max Eastman, 《The Enjoyment of Laughter》 (London, 1937), p. 27.

82. Flann O'brien, 《The Best of Myles》 (London, 1993), p. 201ff.

83. William Hazlitt, 《Lectures on the English Comic Writers》 (London and New York, 1963), p. 7.

84. 같은 책, p. 9.

85. 같은 책, p. 7.

86. 같은 책, p. 10.

87. 같은 책, p. 27.

4장 유머와 역사

88. M. A. Screech, 《Laughter at the Foot of the Cross》 (London, 1997), p. 32 참조.

89. Mikhail Bakhtin, 《Rabelais and his World》 (Bloomington, IN, 1984), p. 73.

90. John Morreall (ed.), 《The Philosophy of Laughter and Humour》 (New York, 1987), p. 228 참조.

91. David Hartley, 〈Of Wit and Humour〉, 위의 책 p. 43에서 인용.

92. George Meredith, 《An Essay on Comedy》 (New York and London, 1972), p. 141.

93. 같은 책, p. 78.

94. 같은 책, p. 118.

95. 같은 책, p. 116.

96. Leah S. Marcuse, 《The Politics of Mirth》 (Chicago and London, 1986) 참조.

97. Anthony Earl of Shaftesbury, 《Characteristics of Men, Manners, Opinions, Times Etc》 (Bristol, 1995), vol. 1, p. 65.

98. Keith Thomas, 〈The Place of Laughter in Tudor and Stuart England〉, 《Times Literary Supplement》 (21 January 1977),

99. Paul Lauter (ed.), 《Theories of Comedy》 (New York, 1964), p. 211에서 인용.

100. John Forster, 《The Life and Times of Oliver Goldsmith》 (London, 1854), vol. 2, p. 338.

101. Gladys Bryson, 《Man and Society: The Scottish Inquiry of the Eighteenth Century》 (Princeton, 1945), pp. 146~147 and 172. 18세기 스코틀랜드에 관한 탁월한 해석은 Peter Womack, 《Improvement and Romance》 (London, 1989) 참조. 내가 쓴 《Crazy John and the Bishop》 (Cork, 1998) 제3장의 일부 내용을 각색한 논고에서 추려냈다.

102. John Dwyer, 《Virtuous Discourse: Sensibility and Community in Late Eighteenth-Century Scotland》 (Edinburgh, 1987), p. 39.

103. Adam Ferguson, 《An Essay on the History of Civil Society》 (Dublin, 1767), p. 53.

104. Bryson, 《Man and Society》, p. 27.

105. Henry Brooke, Thomas Bartlett, 《The Fall and Rise of the Irish Nation》 (Dublin, 1992), p. 54에서 인용. 소위 '상업적 휴머니즘commercial humanism'이라고 하는 이데올로기에 관

해서는 J. G. A. Pocock, 《Virtue, Commerce and History》 (Cambridge, 1985) 참조.

106. Albert O. Hirschman, 《The Passions and the Interests》 (Princeton, 1977), p. 90에서 인용.

107. Katie Trumpener, 《Bardic Nationalism》 (Princeton, 1997), p. 76.

108. 스틸이 아내에게 쓴 편지에 관해서는 Rae Blanchard (ed.), 《The Correspondence of Richard Steele》 (Oxford, 1941), pp. 208~279 참조.

109. Richard Steele, 《The Christian Hero》 (Oxford, 1932), p. 77.

110. Anthony Earl of Shaftesbury, 《Characteristics of Men》, p. 45.

111. Francis Hutcheson, 《Reflections on Laughter》 (Glasgow, 1750), p. 4.

112. Francis Hutcheson, 《A Short Introduction to Moral Philosophy》 (Glasgow, 1747), p. 18.

113. Francis Hutcheson, 《Inquiry Concerning the Original of our Ideas of Virtue or Moral Good》 (London, 1726), p. 75.

114. Francis Hutcheson, 《Illustrations of the Moral Sense》 (Cambridge, MA, 1971), p. 106.

115. Francis Hutcheson, 《Inquiry》, p. 257.

116. 같은 책, pp. 257~258.

117. Noël Carroll, 《Humour: A Very short Introduction》 (Oxford, 2014), p. 48 참조.

118. Susanne Langer, Lauter (ed.), 《Theories of Comedy》, p. 513에 게재된 〈Feeling and Form〉에서 발췌 인용.

119. Francis Hutcheson, 《Thoughts on Laughter》, p. 37.

120. Elizabeth Carter, Arthur Hill Cash가 《Sterne's Comedy of Moral Sentiments》 (Pittsburgh, 1966), p. 55에서 인용.

121. Ann Jessie Van Sant가 《Eighteenth-Century Sensibility and the Novel》 (Cambridge, 1993), p. 6에서 인용.

122. Arthur Friedman (ed.), 《Collected Works of Oliver Goldsmith》 (Oxford, 1966), vol. 1, p. 406.

123. John Mullan, 《Sentiment and Sociability: The Language of Feeling in the Eighteenth Century》 (Oxford, 1988), p. 146.

124. Lady Morgan, 《Memoirs》 (London, 1862), vol. 1, p. 431.

125. Harold Nicolson, 《The English Sense of Humour》 (London, 1956), p. 31.

126. 같은 책, p. 23.

127. Matthew Bevis, 《Comedy: A Very Short Introduction》

(Oxford, 2013), p. 51.

128. Martin Grotjahn, Lauter (ed.), 《Theories of Comedy》, p. 524에서 인용.

129. Susan Sontag, 〈Notes on Camp〉, in 《A Susan Sontag Reader》(Harmondsworth, 1982) 참조.

130. Andrew Stott, 《Comedy》(London, 2005), p. 137.

131. Matthew Bevis, 《Comedy: A Very Short Introduction》, p. 3.

132. William Hazlitt, 《Lectures on the English Comic Writers》(London and New York, 1963), p. 26.

133. Matthew Bevis, 《Comedy: A Very Short Introduction》, p. 51.

5장 웃음의 정치학

134. Matthew Bevis, 《Comedy: A Very Short Introduction》(Oxford, 2013), p. 77에서 인용.

135. Friedrich Nietzsche, 《Beyond Good and Evil》(New York, 1966), p. 150.

136. John Durant and Jonathan Miller (eds), 《Laughing Matters》(London, 1988), p. 11 참조.

137. Mary Douglas, 《Implicit Meanings》(London and New York,

1999), p. 160.

138. Susan Purdie, 《Comedy: The Mastery of Discourse》 (Hemel Hempstead, 1993).

139. Noël Carroll, 《Humour: A Very Short Introduction》 (Oxford, 2014), p. 76.

140. Alenka Zupančič, 《The Odd One In: On Comedy》 (Cambridge, MA, 2008), p. 217.

141. Konrad Lorenz, 《On Aggression》 (Abingdon, 2002 [1966]), p. 284.

142. 로버트 프로빈Robert R. Provine도 《Laughter: A Scientific Study》 (London, 2000) 제1장에서 다소 유사한 사례를 들고 있다.

143. Mikhail Bakhtin, 《Rabelais and his World》 (Bloomington, IN, 1984), p. 48. 인용구 뒤의 괄호 안에 이 연구에 대한 더 많은 참고 자료들이 제시되어 있다.

144. Guy G. Stroumsa, 《The End of Sacrifice》 (Chicago, 2009), p. 82 참조.

145. Enid Welsford, 《The Fool: His Social and Literary History》 (Gloucester, MA, 1966), p. 200.

옮긴이_ 손성화

서강대학교에서 사학과 정치외교학, 연세대학교 행정대학원에서 국제관계·안보를 공부했다. 한때 신문사에 몸담았고, 지금은 영미권 저자의 책을 기획하고 우리말로 옮기는 번역가로 활동 중이다. 출판번역 에이전시 베네트랜스를 통해서도 작업하고 있다. 옮긴 책으로는《원숭이 신의 잃어버린 도시》《숲속의 은둔자》등이 있다.

유머란 무엇인가

1판 1쇄 | 2019년 8월 26일
1판 3쇄 | 2019년 11월 27일

지은이 | 테리 이글턴
옮긴이 | 손성화

펴낸이 | 임지현
펴낸곳 | (주)문학사상
주소 | 경기도 파주시 회동길 363-8, 201호(10881)
등록 | 1973년 3월 21일 제1-137호

전화 | 031)946-8503
팩스 | 031)955-9912
홈페이지 | www.munsa.co.kr
이메일 | munsa@munsa.co.kr

ISBN 978-89-7012-596-1 (03100)

이 도서의 국립중앙도서관 출판예정도서목록(CIP)은 서지정보유통지원시스템 홈페이지(http://seoji.nl.go.kr)와 국가자료공동목록시스템(http://www.nl.go.kr/kolisnet)에서 이용하실 수 있습니다. (CIP제어번호 : CIP2019030504)